富春山居文化丛书

中共杭州市富阳区委宣传部　编

图书在版编目（CIP）数据

@富阳 / 中共杭州市富阳区委宣传部编 . -- 杭州 : 杭州出版社 , 2023.9

ISBN 978-7-5565-2143-2

Ⅰ . ①富… Ⅱ . ①中… Ⅲ . ①文化史—富阳 Ⅳ . ① K295.54

中国国家版本馆 CIP 数据核字（2023）第 104653 号

@ Fuyang

@富阳

中共杭州市富阳区委宣传部　编

责任编辑　夏沁怡
美术编辑　祁睿一
责任校对　陈铭杰
责任印务　姚　霖
出版发行　杭州出版社（杭州市西湖文化广场32号6楼）
　　　　　电话：0571-87997719　邮编：310014
　　　　　网址：www.hzcbs.com
排　　版　浙江大千时代文化传媒有限公司
印　　刷　浙江全能工艺美术印刷有限公司
经　　销　新华书店
开　　本　710 mm × 1000 mm　1/16
印　　张　16
字　　数　165千
版 印 次　2023年9月第1版　2023年9月第1次印刷
书　　号　ISBN 978-7-5565-2143-2
定　　价　68.00元

## 《@富阳》编委会名单

# 序

在 5000 多年中华文明深厚基础上开辟和发展中国特色社会主义，把马克思主义基本原理同中国具体实际、同中华优秀传统文化相结合是必由之路。中国式现代化赋予中华文明以现代力量，中华文明赋予中国式现代化以深厚底蕴。

富阳有着悠久灿烂的历史文化。距今 6000 年前的瓦窑里文化遗址，将古人类在富阳境内劳动、生息的历史追溯到马家浜文化时期；距今 5000 年前的毛竹山文化遗址，印证了富阳存在着光辉灿烂的新石器文明。

富阳，古称富春，春秋属越，战国周显王四十六年（公元前 323 年）后属楚。秦始皇二十六年（公元前 221 年）以富春之地置县，称富春，富春县为秦会稽郡二十六县之一。秦始皇三十七年（公元前 210 年），秦始皇出巡至富春，从富春江狭中渡，往会稽祭拜大禹。

东汉时期，严子陵隐居富春，垂钓于富春江畔，为富春江隐逸文化之滥觞。至今，在富阳赤松山、鹳山、桐洲岛还有严子陵垂钓处的遗迹。

三国时期，富春孙氏家族崛起，孙权创立了吴国。吴黄武五年（公元 226 年），孙权析富春县地置新城、桐庐、建德、新昌（晋改寿昌），分丹阳、会稽、吴三郡之恶地十县为东安郡以讨山越，设治于富春城北。

东晋孝武帝太元十九年（公元 394 年），为避简文帝生母郑太后阿春名讳，改富春县为富阳县。

南北朝时期，文学家、史学家吴均临富阳，泛舟富春江上，写下千古名篇《与朱元思书》。

到了唐代，富阳人孙过庭的《书谱》对当世及后世产生了重大影响；晚唐时期，富阳出现了被民间称为“讨饭骨头圣旨口”的大诗人罗隐。

两宋时期，富阳文化繁荣：一张宋纸传千年，有“京都状元富阳纸，十件元书考进士”之称，泗洲造纸作坊遗址即为实证；一门三代六进士，谢绛家族声名远扬；“试向桑田问耦耕”，苏东坡造访新城，留下《新城道中二首》等诸多诗篇。

600 多年前，元代画家黄公望流连于富春山水，在庙山坞结庐隐居，创作了旷世名画《富春山居图》。

清代，富阳人董邦达、董诰父子名动京城，“父尚书子宰相”，官德艺品共辉映，被嘉庆帝赞誉为“只有文章传子侄，绝无货币置庄田”。

近代，富阳有小说家、散文家、诗人郁达夫，他和其兄郁曼陀因抗日双双罹难，于1952年被中央人民政府追认为“为民族解放殉难的烈士”。

……

当前，浙江正坚定不移深入实施“八八战略”，在推进共同富裕和中国式现代化建设中发挥示范引领作用，奋力打造新时代全面展示中国特色社会主义制度优越性的重要窗口，杭州提出感恩奋进打造中国式现代化城市范例。

按照浙江省委、杭州市委决策部署，特别是落实省委、市委文化工作会议精神，富阳区委区政府高度重视文化强区建设，制订《“建新时代文化强区，绘现代版富春山居图”行动任务》，出台《推进新时代文化强区若干实施办法》。

我们深入开展钱塘江诗路文化带建设，制订《钱塘江诗路（富春江）建设行动计划》，组织开展诗路文化研究，编纂出版《重走“富春山居 千年诗路”》等书籍。开展宋韵文化研究，持续打造文创、文旅、文化、文艺、文明五大富春宋韵文化高地，建设泗洲造纸考古遗址公园和造纸博物馆等宋韵文化标志性工程。

我们深入研究富春山居文化，开展富春山居文化基因解码工程，从“一条江、一幅画、一张纸、一批人、一座城”五个角度深入解读“富春山居文化”，编撰出版“富春山居文化丛书”，编印《富春密钥——富春山居文化基因解码》等资料。

我们着力打造“诗路文化·三江两岸”水上黄金旅游线，制订《杭州市富阳区“诗路文化·三江两岸”水上黄金旅游线工作任务清单》，编撰出版《富春渚》等研究专著。

本次编纂的《@富阳》一书，六位作家以史实为依据，对富阳的文化和发展等进行了细致梳理，突出“八八战略”对富阳社会经济文化发展的指引作用，充分表现了富阳深厚的历史文化底蕴和非凡的发展历程。

当下，富阳正在高质量发展建设共同富裕示范区实践高地、高水平描绘现代版富春山居图，加快建设新时代文化强区，打造新时代文化高地，以文化建设支撑开创的共同富裕新局正在有力推进，一幅历史与现实交汇的现代版富春山居图徐徐展开。

中共杭州市富阳区委常委、宣传部部长　张鹏

# 目　录

## 一川如画富春江　柴惠琴



第二章

## 秦山晋水如画图　裘一琳

## 第五章 帆影随风过富阳 吴刚强

第一章

# 一川如画富春江

——柴惠琴

一条江就是所有江。

自富阳至桐庐一百许里，两岸青山，碧水中流，富春江不舍昼夜。

在地理学概念上，富春江为钱塘江之中游，全长 110 千米，上起建德市新安江和兰溪江汇合处的三江口，下迄杭州市萧山区闻家堰，汇入钱塘江，又因“以新安、衢、婺、桐庐之水至富阳而悉会”（清光绪《杭州府志》卷二十五），称其为会江。

富春江自西南向东北流经富阳区境 52 千米，奇山异水，天下独绝。而纵观富阳境内的地质地貌发展史，在漫长的岁月里，富阳形成了“两山夹江”的地貌，整个地势由东南、西北向富春江倾斜，富春江斜贯中部，两岸为宽阔河谷平原，境内低山、高丘、谷地、盆地、平原多种地貌交错分布，俗称“八山半水分半田”。

母亲河富春江，一方水土养一方人。在富阳博物馆内，收藏有几件夹砂红陶过滤器。正是这几件文物，将富阳的文明史提前到 6000 年前，也揭示了江边富阳先民活色生香的日常生活。

南靠龙门山脉北麓，在今天距离富阳高铁站不到 300 米的数万平方米范围内，生活在如今大源瓦窑里的先民，在马家浜文明时期已经开始种植、狩猎、酿造。他们取土烧陶，制作器具，包括用夹砂红陶过滤器过滤酒糟。这个时期，富春江的鲥鱼已经被摆上了餐桌，富春江流域已经盛行饮酒之风。“清醠之美，始于耒耜”，最古老的富春山居，开始于劳动创造美好生活。

在富阳 1821 平方千米的辖区内，有十条较大的溪流，它们从南北丘陵山地之中，汇壑成涧，又集涧成溪，蜿蜒曲折，流过村庄和田野，朝着更大的江河奔流。富春江北岸的渌渚江（又名鼍江）携葛溪、松溪二水而下，上里溪、苋浦江依次汇入。富春江南岸，宋家溪、壶源溪、剡溪、大源溪、里山溪、渔山溪自上而下。这九条溪流，加上自西南向东北流，经萧山区境而汇入浦阳江的常绿溪，以“一江十溪”的名义构成了富阳境内的水系分布。

一江十溪，山水相依，在这片山水的滋养下，富阳人世居繁衍，也奔走谋生，无数人文和历史在大地上书写，无数本不寻常的风景，因为有了人，山水被重新成就，历史因此更为璀璨。

# 一、春水行舟

春水行舟，如坐天上。

在富春江的这条水路上，清代名宦孙嘉淦《南游记》云：“人在舟中，高视远眺，不能坐卧，偶值偃仰，两岸之山，次第从船窗中过，如画图徐展，舟行之乐，无逾于此。”

同时，在另一种语境下，富春江也是一条诗路——钱塘江诗路。自魏晋至清末，1000 多位诗人，在有据可查的记录中，写了 2000 多首诗词描述这一条江。那些因富春山水、个人际遇触发的灵感，凝结成如今依然脍炙人口的诗句，有如雨后两岸的氤氲云气，滋养了富春大地的文脉，也厚植了富阳城的人文底蕴。

宵济渔浦潭，旦及富春郭。在富春江的水面上，木排、竹排、蚱蜢舟、短艇、木帆船、舢板船、摆渡船、货驳船、轮船、游轮、皮划艇……从古老的排筏、木船，到现代的钢质船，各种各样的船只，在不同的历史时期里完成它们的使命：打渔、货运、客货混载、客运、游览……然后以不同的视角，被不同的方言文字述说记录，也被传统的或现代的艺术手段不断表达。在2023年杭州亚运会期间，位于北支江的富阳水上运动中心将承担赛艇、皮划艇静水、皮划艇激流回旋三大项目，富阳人制造的赛艇，将又一次进入国际比赛的现场。

在场口人用刀切砧板的铿锵之声，龙羊人用简洁明亮的绵软之音，大源人用柔和婉转的口音进行的相似叙述中，在水涨起来的季节，那些生活在壶源溪、大源溪、葛溪溪畔的山里人，会借助水势，用溪水运送扎捆好的木头、毛竹，水浪翻腾，竹木滚滚而下。而在平常水量充沛但不湍急的时候，会有撑排人，将山里人和山货运送到富春江的各个航段，那些撑排人往往子承父业，从小在风浪里磨砺。

春水行舟

富春江的江面上，木帆船是一道传承久远的风景。在一张出自美术摄影名家郭锡麒之手，摄于 1930 年左右，名为《春江揽秋》的照片上，东梓关越石庙附近的江面上，十余艘帆船绵延不绝，画面左侧的船上可以看到头戴西式旅行帽，举着社团旗帜的旗手定定坐着，船尾一位背着旅行帽的游客双臂后撑在船板上，任两只脚在船舷边随波荡漾，几位戴着学生帽的则是乖乖待在船舱内，船首一人穿西装抱膝而坐，悠然自得。相片中流露的闲适自在，到如今依然令人向往，现在，照片上江面连接的江滩，正在修建杭州航海中心游船码头，曾经的木帆船也换成了现代化的帆船一溜停泊在附近，等待着舵手驾驶它们去亲水冲浪。

在东梓关相关的古地图上，通往富春江，有一条道路被标记为“东梓衙路”（《咸淳临安志·富阳县境图》），跟曾设立的东梓巡检司有关。巡检司作为一个官职，始于五代，盛于两宋，金及西夏也有类似设置，及至明清。巡检司一般设于关津要道，归当地州县管辖，巡检统领相应数量的弓兵，负责稽查往来行人，打击走私，缉捕盗贼。南宋周淙《乾道临安志》载：“东梓巡检司寨，在富阳县界，元额管土军一百二十人。”郁曼陀诗云：“西下严陵滩，东流第一关。”

背丘临江的东梓关，作为古代杭州西南的屏障，在这段与大桐洲呈掎角之势的江面上做好了守护的姿态。生活在这一带的场口人，也因为巡检司，平添了几分气势。当地尚武的民风，也自三国孙权之后得到了具体而实在的延续。

富春江航道，作为古徽杭水道的重要组成部分，沿江的那些渡口、码头、埠头、村落，因水路交通的兴衰，讲述着大体相似又各有辨识度的故事。

渡者，济也。

“富邑大江中分，南乡居民得十之七，而乡民以事之县经观山渡者七之三，每日往来待渡，人几盈万。”

南宋名臣、文学家范成大经过富春江时留下一首《下口渡》，道是：“不到江湖恰五年，歙山青绕屋头边。富春渡口闲舒目，落日孤舟浪拍天。”这个渡口在原富阳县城南，又称南门渡。这首诗又题作《富阳》，“闲舒目”也作“明人眼”。

如今，在位于富阳城东西两头的鹳山和鹿山附近，有两座大桥，即富春江第一大桥和鹿山大桥。原来的客船已经停驶 20 余年，轮船码头已经改造后作他用，沿江到底的东门渡、南门渡，造了复古的景观，包括曾经的大观楼，都成了江边郁达夫公园的一部分。

在距离郁达夫公园不过数里的东洲富春江村，江畔的码头处，一艘充分吸取了富春山水意境和人文情怀，造型古朴精致、简约大气的崭新仿古游轮“富春山居号”已经整装待发，它的航行是富春江上另一道亮丽的风景线。

时移世易，如今的富春江上，货船依旧川流不息，渔浦潭一带的江面上，几乎在大部分时候都停满了船只，这些货船在东洲港卸装货物后往返，或者排队进入钱塘江，再沿京杭大运河北上。20 世纪末，富春江上曾有大量挖沙船，这些船只挖了富春江的黄沙，经

运河运到上海浦东，曾有人戏说，浦东新区的房子是富春江的沙子造的。

现在，自鹿山大桥溯流而上，富阳境内还有中埠大桥、绕城西复线富春江特大桥、东吴大桥、桐洲大桥。当富春江的桥梁越来越多的时候，水路交通也日渐式微了。

“桐洲岛这段富春江江水，水文复杂。水位落差大，水流急。靠北侧的富春江有航道，不能阻断。富春江潮汐变化大，很难检测。总之，造桥难度很大。”当年作为总监理参与桐洲大桥建设工程项目的余文伟还记得当时的情况。

从开始施工到大桥通车，一整年多的时间里，余文伟感叹他把富春江江水的各种状况都体验了一遍。他还记得圆桥仪式上，大桐洲人跳起了在俞家村流行了 200 年左右的竹马，敲锣打鼓，欢天喜地庆祝。

造好的桐洲大桥，也是拍日出的好地方。盛夏七八月的凌晨四点半左右，天空尚是靛青色，江面迷蒙，可以见到一两盏渔火引着小渔船穿过清晨的雾霭，慢悠悠地划破江水驶向远处。这个时候，渔火昏黄，镜头里是渔夫在船头忙碌的剪影，水乡况味浓郁。

等到天空显出鱼肚白，朝霞一层层渐次铺陈东方的天空，太阳也在取景器的小框内，一点点露出来，倏然金光万道。大桐洲跟着就醒来了，江岸、沙洲上的植物青翠碧绿，远去的渔船陆续回程并熟稔地聚集成一个小鱼市。

驶过桐洲大桥，就能到大桐洲。这座富阳传说里最古老的沙洲，在官方的志书里记载颇多。

南宋咸淳四年（1268）《咸淳临安志》卷三十六载：“桐洲，桐江水东注，过孝子许彧故庐。”南宋淳熙十三年（1186）《严州图经·桐庐县境图》在东与富阳交界处标绘有“桐洲”。

明正统五年（1440）《富春志》卷三载：“桐洲在县西南五十里。”

明万历六年（1578）《严州府志》卷二有关桐庐县内容中载：“桐洲，在县东四十五里，袤二十里，南临大江，北有后港，以富阳赵家滩为界，相传桐君种瓜于此，故名。上有居民四十余家，栖霞、吉祥二寺。”

清康熙二十二年（1683）《富阳县志》卷四载：“桐洲在县西南五十里看潮村。有石濑，世传为子陵垂钓处。宋吴寅有记。”今孙家村北有吉祥寺遗址，址北江边有块八仙桌大小的石濑，即严子陵所垂钓之石濑，此石濑今为泥沙覆盖。

清光绪三十二年（1906）《富阳县志》卷九载：“今桐洲有二：隶富阳者曰小桐洲，半隶富阳半隶桐庐者曰大桐洲。”

1956年5月，洲西部桐庐孙家村划入富阳境内。洲南江面东小西大，江面宽度300—600米。洲北江面上下宽度较为匀称，在350米上下，为通航河道，昔杭州至桐庐的客轮从此而过。

洲上原有三个古渡口。南渡至东梓，北渡至小桐洲，西南渡至桐庐横山埠村。

在民间的家谱里，洲上俞家村遗存《俞氏宗谱》有《桐洲赋》，载：“及予考地志，知昔有仙子名周岩者，采药于此，常倚桐树而庐，

以故得名。”也是一说。

赋中还有一句：“予观夫山环水绕，洲圹沙平，接春江而砥柱，界两郡以中分。”

每一个历史时期都有不同的记载，但沙渚潮生，生活在大桐洲的居民，除了动力伞、热气球、皮划艇、露营带来的新兴乡村旅游业，种植、捕鱼依然是生活的主要内容。现在，这座沙洲有江洲和俞家两个行政村，村里长寿老人特别多，古樟树也多。

俞家村在大桐洲中间，是浙江省历史文化名村，是个大村落，村里还有不少古建筑。在俞家祠堂见过一艘造得差不多的渔船，摄影师杨平儿用相机记录下工人敲敲打打的样子。现在，大桐洲上捕鱼为业的渔民渐少，老渡口大都弃用，能造船的老师傅也越来越少了。

“西风到杭州，东风到桐庐。造的是顺风船，一帆风顺。”

说话的是村里的造船师傅俞木申。

顺风船靠船工掌舵和调整船帆利用风向行驶，俞师傅经常乘坐自己造的船去杭州和桐庐。他也会开船，他还说，过钱塘江大桥的时候，需要把风帆收起来，再去船舱拔了桅杆底部的插销，放倒桅杆后，船才能轻松过大桥。

俞木申三十几岁就开始造船，他还清楚记得那时一般木匠一天工钱是一块二，而造船师傅是两块四。靠手艺吃饭，多一倍的木匠工钱，彰显了造船的难度和造船师傅的地位。

两头平的货船、两头尖用来捕鱼的网船，能拉五六十吨到上百吨的驳船，俞师傅和他的同伴都能造。下水的木船一年要保养一次，俞师傅每年还要给他卖出去的渔船刷刷桐油，算是售后服务的一种。

从村里第一个拥有铁壳船的万元户算起，到村民们的小木船逐渐换成铁壳船，三四十年时间，久已不再造船的俞木申在家做起了小木船模型。一米多长的货船、五六十厘米的网船，用来送给家里的孙辈，也偶尔售卖，一艘模型船卖 2000 元左右。船按比例缩小，“功能”齐全，也用桐油刷得锃亮。

“村里俞安金也会造船，以前和我一起造船的师傅现在都不造船了。我也是趁闲时做几条小船。你们来得不巧，我女儿昨晚上刚带走一艘小网船。”

俞木申搬出家里的小货船放在门口的工具凳上，又拿了一面风帆向我们比画它挂在桅杆上的样子。随后，他打电话给女儿，让她把昨晚带回去的船拍照片回来。照片上，小小的网船两头尖，船舱里一个挨一个刻着四个“福”字，用了红漆描摹，满满一船都是老人的祝福。

# 二、沙渚潮生

富春江通贯富阳，“两山夹江，江边有城，江中有洲”，自然禀赋独具，在“天下佳山水，古今推富春”的文化意象里，这些沙滩洲渚，作为《富春山居图》上的笔墨落处，各美其美。

“平沙积翠朝岚落，曲港微波暮霭浮。”富春江上的这些沙洲，南朝诗人、中国古代山水诗鼻祖谢灵运名之为富春渚。在目前已知的宋代及以后的古地图上，江上的大沙洲已经被仔细标出。像光绪《富阳县志》“地理·山川”篇中就多有记载。“延长数十里与钱塘沙毗连，隶富阳治者东西十五里，南北横五六里”，说的是今天的东洲，而更早的古地图上也是多以“沙”名之，如长沙、中沙、洋涨沙、桐洲沙……南来北往的人群，偶有迁居其上，然后繁衍生息。

这些沙洲，在时间的洪流中，因江水而生，也因江水而没，它们积涨、淹没、连并，生生不息，不断发生变化。至 21 世纪初，富阳尚有大小沙洲 11 处，自上而下依次为大桐洲、小桐洲、长沙

（俗称缸爿滩）、王洲（洋涨沙）、月亮沙、中沙、新沙、悬空沙、东洲沙、无名浮沙、大沙（后名五丰沙），合计面积约 73 平方千米。其中最小的悬空沙，面积只有 0.13 平方千米。

面积最大的东洲，古称“长沙”。它长约 15 千米，宽约 5 千米，面积 36.51 平方千米，因位于城区之东而得名。此处江流绵渺曲围沙，村落纷纷聚水涯，江畔山川浑厚，草木华滋，岛上渔樵耕读各得其所，江南文化“越名教而任自然”。

和东洲同属于东洲街道的五丰沙，已经成了富阳人的“鱼舱”，也是杭州最大的淡水鱼养殖基地，每一年年底的拉网捕鱼，已经成为一道风景，吸引着游客和摄影师专程赶来现场。

中沙，清康熙《富阳县志》载：“中沙……宣德旧《志》富春八景有‘中沙落雁’，即此地也。沙民多栽桕树为业，秋叶绀红，

沙渚潮生

映江瑟瑟，道旁麦陇，柳林新篁，豌豆点染，颇称佳境。”清代王义祖也赞它：“秋水涨平沙，秋风送落霞。隔江一行雁，飞入白芦花。”

新沙岛，“农家乐，旅游者也乐”，曾经的中国“农家乐”发源地，如今还是沙洲沃野，绿树成荫。五月玫瑰绚丽，盛夏瓜果满畦，一江之隔是桃源。

这些大大小小的沙洲，就像是陆地飘零的、形态不一的叶子。

今年春天，我看到了一段 17 秒的视频。在这段视频中，沙洲春雪，烟树萧疏，意趣高古，就像黄公望的富春山居下了雪。

视频里的沙洲，就是新桐蛇浦至新店之间江面上的长沙，距大桐洲不过数里，新桐人称之为缸爿滩。

“长忆孤洲二三月，春山偏爱富春多。”

“潮去潮来洲渚春，山花如绣草如茵。”

富春江上，“一叶舟轻，双桨鸿惊。水天清，影湛波平”。

“暮雨初收，长川静，征帆夜落。临岛屿，蓼烟疏淡，苇风萧索。”

从一首诗到另一首诗，从一阕词到另一阕词，一代代的诗人词家，吴均、李白、吴融、苏东坡、范仲淹、李桓、杨维桢、康有为、郁达夫……因时而作，因事而歌。

那些诗词融入了这富春江的春水沙洲，有无之间，或雄浑劲健，或冲淡洗练，或典雅绮丽，山水与人文交融，历史和现代古今相接。而江中沙洲，春花秋月间也换了人间。

夏日，清晨的雾霭漫过富春江，沙洲、远山若隐若现，宛如水墨。

等艳阳高照，水天一色，从空中俯瞰，可见江中平沙积翠，宛如浮玉，渔舟穿梭在江面作业，货船络绎不绝。东梓关码头处的江面上，排列着几艘现代帆船，码头对面，来桐洲岛上游玩的客人，乘坐皮划艇，手持桨板，开始了绕大桐洲一周的短暂航行。

在富春江体验桨板，是一种很特别的感受，躺在薄薄的滑板上从流漂荡，探出胳膊划水，水波轻柔绕过指尖。

春天啊，是玩帆船最美好的季节，开帆船的舵手喜欢风大，风大玩起来刺激，有挑战性。这样的感受，每年雨季，壶源溪上玩“白水漂流”的玩家也深有体会。风大浪急，出没风浪，玩的是激情和心跳。

一江十溪，江中的沙洲，在现代人的眼里，有了更多的解读和“打开”方式。随着无人机摄影的兴起，富春江以及江中的沙洲，早就被纳入他们的创作视野，于是，更多角度的风景让大家惊艳并逐渐熟悉，一年四季的风景，每一天都是新鲜而美丽的。

来往春江有钓船，7 月，富春江已经到了开渔期，江上的这些沙洲，从桐洲到东洲、五丰沙，舟楫往来，渔舟唱晚。在属于江洲的生活里，只有捕鱼作业中才能窥见一些沙洲上居民的传统生活方式。从更宽泛的视角看，江洲还是古老的江洲，而生活其上的人们，已经将视线从富春江转向了更为辽阔的钱塘江、杭州湾。

富春江渔，有记录的时间很早。

陶渊明在《搜神后记》里叙述：“宋元嘉初，富阳人姓王，于穷渎中作蟹簖。”千百年后，积淀下来的渔具和技法，或古朴，或

诗意，或精巧，或激越，“皆穷极巧妙，以与鱼遇”。

另外，富阳土俗相传，凡近江处若樟岩山、赤松山、鹿山之巅，石上皆有纬缆痕，土中有螺蚌壳，验之不爽。

富春东三十里有渔浦。

渔浦，虞舜渔处也。

这些被记录在史志书里的富春江渔事，片言只语串起绵延达数千年的捕鱼活动。

晚风隔水起渔歌，拨刺银鳞出碧波。富春江捕鱼很要些见识，要善于观风向识潮汐，要掌握鱼群的洄游习性，还要记得住一年12个月里的“吃鱼词”，说得出“枇杷上街鲥鱼到”。

那些生活在沙洲上的渔民，常常父业子继，数代人都以捕鱼为生。现在，新桐乡登记在册的50艘渔船的主人，不少已经将船驶进了富阳城里的水域，并在城区安家落户。他们常常深夜出发，然后在朝霞中返回陈家弄亲水平台，开启一天的鱼市。

一江春水一江鲜。青草鲢鳙鲂鲫鲤，鲈鳜鲚鳗鳊潮鳝，虾蟹鳖龟蚌螺蚬，有着14目34科121个品种的富春江鲜，多少故事随江流宛转。

俞家村的俞永华和他哥哥就是渔民的后代，他们留在村里捕鱼，和大桐洲的其他渔民一样，辨识富春江的潮汛，下不同的网捕捞不同的鱼。

“初三十八潮，二十杀一半，初八廿三断江潮。”富春江里捕鱼，随着潮水而来的鱼汛有“初一汛”和“月半汛”。“初一汛”，初三潮水最大，初四、初五、初六三天是鱼汛。“月半汛”，十八日潮水最大，十九到二十二日是鱼汛。鱼汛时，鱼比平常多。

渔民现在用得最多的网是流刺网，用尼龙胶丝、聚乙烯制作，一张网可以用一两年，高度 1.5—12 米，长度 90—270 米，用海绵塑胶制作浮子，用铅、锡作坠子。流刺网捕鱼一般是两种方式，下沉网捕获底层鱼类，下推网捕获中下层鱼类。俞永华表述的是“沉网和流网”。在他的经验里，沉网和流网除了捕获不同的鱼以外，更多是在不同的水文条件下使用。

2022 年 7 月开渔后的十来天，是捕刀鱼的好时候，捕刀鱼用下沉网，网高 4 米左右，俞永华下午一二点去江里放网，四五点收网，然后回家“撕网”，就是把鱼从网上取下来。当天的夜晚或者第二天清晨，鱼贩子会上门收鱼。

7 月 5 日到 15 日左右的十来天，富春江里鳊鱼多，捕获鳊鱼多用流网。潮水起来的时候，从大桐洲的东嘴头一直往下到西嘴头，网随流水，渔船跟着网走，等出了西嘴头，就开始收网。俞永华说，他在这个 7 月里，有连续三天捕获鳊鱼，一天 180 多斤[①]，一天 110 斤，一天 130 斤，30 元一斤卖掉。生态转好，禁渔期以及渔政部门的鱼苗投放，丰富了富春江的渔业资源，给渔民带来了更大的收获。他还有一艘网船，船舱用来养鱼，有时候鱼多，小渔船抓来的鱼马上放进船舱里，养三天一点事也没有。

---

① “斤”虽为非法定计量单位，但符合文学作品中的习惯表达，故本书中保留“斤”。

下推网是个技术活，7 月 29 日，农历七月初一，俞永华说，晚上要去捕捉鳙鱼，也就是富阳人说的包头鱼。初一晚上有潮水，八点左右潮水来时下网，等网下完，大约半小时，潮水退去，江水变得温和平静时立即收网。仅仅半小时，俞永华就完成了一次捕鱼作业。

# 三、游居之间

汇聚了葛溪、松溪二水的渌渚江，自渌渚镇新港村注入富春江，意味着一个新的行程开始。对富春江来说，新港村也是她到达富阳后的起点。村庄位于富阳西南面，与桐庐交界，有窄溪大桥连接南北，屋舍分布于大桥两侧。此处江面运输繁忙，清晨傍晚，晴天落雨，不同的时段或天气带来不同的富春江，有不少摄影师喜欢来窄溪大桥上或者新港村边拍摄。早在 1982 年，《人民画报》第 4 期就刊登了一张摄影作品《春江如画》，就是郁达夫的侄女郁风带着画报摄影师高明义在新港村拍摄的。

将台山是新港村名胜，分里将、外将两山。外将临江，海拔 20 余米。明万历三年（1575）《新城县志》卷一上就有“将台山”记载。清道光《新城县志》卷五载：“将台山，旧名将台石，又名将军石。在县东南三十里下港口。临大江与状元峰对峙。上有石壁重重，相传宋时观兵于此，故名。嘉靖间建墩堠于其上。”明代方廉《将台石》

诗有“昔年名将几登台，今日春风拂草莱”。现在，将台山上有镇江侯祠，供奉着村里余氏先祖——南宋护驾都指挥使余安隆。

凌晨的天色，由深青转靛蓝，桨声灯影渐近，活跃在渌渚江这一带水域的新港村渔民也开始了一天的生活。新港村人晒的青鱼干，是村里的土特产，每年“数九寒天”二九到四九的约一个月时间里，渔民们就开始晒制青鱼干了，他们选12—15斤的富春江青鱼，剖开，去除内脏，留鳞片后用盐腌制数日，随后挑一个阳光灿烂的日子，将腌制好的青鱼在阳光下晾晒，直到风干。

青江口

村里的老主任余章生晒了多年的青鱼干，他说三九严寒的时候，气候干燥，温度低，空气中细菌等微生物都少，晒出来的鱼干肉质紧密，色彩鲜亮。晒青鱼干是村里传统，一到时节，大家多多少少都晒几条，等到过年时招待客人，也售卖或者送人。像他家，每一年晒的鱼干多，除了富春江里的青鱼，也挑一些水库里的，一样都要选十几斤的肥硕青鱼。鱼太大，腌不透；鱼太小，肉质容易变硬。做好的青鱼干，清蒸时鱼肉白里透红，和猪肉一起炖则浓香扑鼻。

新港村渔民以余、许两姓为主，也有十几户钱姓渔民。这里还是富春江沿线的九姓渔民中许姓渔民的发祥地。每年农历九月十六日，新港村许氏宗祠，从富春江沿线各地赶来的众多许姓渔民相聚一堂，他们祭拜祖先，也做“开网大吉”“收渔大利”等传统祈福仪式。

富春江上渔民，最有名的当属“陈、钱、袁、孙、林、叶、许、何、李”九姓渔民，他们认定自己的祖先是元末“陈友谅部属”。“老子严江七十翁，年年江上住船篷。早年打败朱洪武，五百年前真威风。”光阴流转，比之郁达夫“家在富春江上”的热爱与浪漫，旧时这些没有陆地定居权，不能和陆上居民通婚，也没有受教育权的渔民，唱着渔歌，撑一叶扁舟，出没风浪间，也受富春江的庇佑，养活自己和家人，繁衍至今。

民国二十年（1931）《浙江经济记录·富阳经济概况》载：“各户皆撑小船，是谓九姓渔民，自严东关而下，各埠皆有停泊。在县界内者，约 90 户，船以百数计，有一户两船乃至三船者，谓之子母

船，捕得之鱼，随地出卖。这些渔民，常年漂泊江内捕鱼为生，互相结亲，自成眷属，遍及整条大江。”

1968 年，政府出了政策，让渔民上岸定居。

现如今，九姓渔民更多作为富春江渔文化的一部分被反复提及，600 多年岁月之后，这些渔民和陆地居民享有同样的权利，先祖的来处，他们自己也难以追寻。或者说，他们更关注的是当下的生活，捕鱼为业，捕得之鱼，随地出卖，江中岸上，都有属于自家的灯火。

渌渚江的主干流葛溪，也是要写一笔的。它源出南天目山，从万市镇唐家桥入富阳境内，流经万市、洞桥、胥口、新登四个乡镇。民国《新登县志》卷四载:“葛溪，在县西，以葛仙翁炼丹于此得名。”

在流传于乡野的传说里，葛洪已经成为一个符号，然后这些符号被具体到一座山，一眼泉，一个溶洞。

胥口峭山，山色葱郁，古道幽深，相传葛洪曾在此隐居炼丹，也曾有千年古刹迴龙寺坐落于此。南宋《咸淳临安志》卷二十七载:“嵘山，亦名峭山，在县西二十里新登乡。高二百五十丈，周七十里。有洞穴深十丈，水泓澄，旱祷必应。”现在，在峭山脚下西面与北面，还有“富春桃源”和“琴溪香谷”两个国家 4A 级旅游景区。“九霄无诏下，何事近清尘？”富春桃源的九霄碧云洞单厅面积 28000 平方米，高 24 米，被誉为“亚太第一大洞厅”。

“山多晴倒影，雨过夜添声。”在宋人许广渊的诗歌里，一个又一个春天流过葛溪水，溪中的山石磨平了棱角，溪边的乡村和城镇兴衰有时。在溪水流淌不息的记忆里，炼丹的葛洪，鸟窠禅师，

“讨饭骨头圣旨口”的罗隐，还有煮葵烧笋、打马浮云岭的苏东坡……这些过客临水照影，留下惊鸿一瞥或者绝世风华，而那些傍水而居的山民们，在千百年的时间里，靠山吃山，靠水吃水，将日子过得朴实而温暖。他们烹饪溪中的游鱼和螺蛳，并将葛溪螺在富阳烧出了名堂，溪水丰沛的时候，他们也用竹排装好各种山货，顺流而下，去渌渚江、富春江，交通南北，贸易往来。

湖源源上路，东与浦江连。光绪《浦江县志》卷二载：“壶山，县西四十五里，山形如壶，故名。壶溪之水出焉。”发源于壶山的壶源溪是富春江南岸的最大支流，也作壶源江，半隶浦江半隶富阳，全长约 102.8 千米，富阳境内约 36.8 千米，流经湖源、常安、场口三个乡镇，自青江口汇入富春江。

300 多年前，年轻的董邦达在壶源溪畔留下《壶源山题壁》：“欣看空际云飞去，笑问穷途梦觉无？”之后，他结束辗转多年的教书生涯，带着理想开启京漂生涯，一袭青衫，一张竹排，随春江水奔流，一路向前。

京都状元富阳纸，十件元书考进士。京漂十年，38 岁的董邦达登进士第，成绩是二甲第二十名，任庶吉士。这一年冬天，他以《青林红叶图》为题，画了已经暌违许久的富春山水，并作题画诗一首：“青林红叶照秋潭，挂席微风镜画涵。一段清光描不得，桐君山北富江南。”

此后的董邦达，作为官员，官声为人推崇，作为画家，亦名垂青史，而家乡的山水，直到魂归故里，都是一段清光描不得。

“青山行不尽，绿水去何长。”沿着壶源溪，董邦达走出去，带着梦想奔赴远方。300多年后，壶源溪依旧山环水抱，常见溪畔绿道车流如织，无数人奔着绿水青山而来。

壶源溪上龙鳞坝，从2019年7月一个周末数万游客戏水火爆起，已有多个年头了。一座龙鳞坝，是富阳乡村游的一个缩影。龙鳞坝火了后，边上新一村一下子多了数十家民宿餐饮，而湖源乡人包的灰汤粽，做的索面等特色乡土美食也终于有了自己的标签，作为旅游目的地的土特产，创造经济价值，也输出乡土文化。

壶源溪过龙鳞坝后，一路西行，过常安到场口，干流在青江口汇入富春江。青江口，东侧是青江村，西侧为王洲。站在横跨青江口的富阳区第一条悬索式桥梁绿道上远眺，只见大江前横，南北两岸皆青山为屏，左右环视，如画图徐展。也因此，这座富春江绿道上的桥梁，建成之后就成了一座“网红桥”，夏天的傍晚，等余晖落尽，就陆续有人开车、步行从四面八方来到这里，随意一瞥，所见皆是风景。

目之所及的这段江面，东至东吴大桥，西迄桐洲，视线开阔，山川风貌依然还是黄公望《富春山居图》中的景象。江北的新桐，远处山峦奔竞起伏，近处江堤绿树如荫，江堤之下，滩涂慢慢没入江水，村庄在山川和江堤之间隐约可见，富春江上无尽绿，天生一幅画图中。

江南的场口，则又是另一种风貌。南面最高峰为甑山。甑山，依据古籍记载和地形地貌可推断为湖洑山（一作胡洑山）主峰。唐《元和郡县图志》卷二十五“富阳”：“湖洑山，在县西南五十里。甚幽邃，重叠险远，每时有扰攘，人皆逃避于此山。”南宋《咸淳临安志》卷二十七《山川六·富阳县》载：“胡洑山，在县西南五十里，高三百丈，广一百三十二里。上有石楼、石城。侯景之乱，里人姓陆者率乡邻保固之全，活万计。”明万历七年《杭州府志·富阳县图》标载为“胡洑山”，边上有“古城”“正山”地名。清代古地图上称为“湖洑山”，民国后记载为“景山”“甄山”“甑山”，场口地区方言里，“景山”“甄山”“甑山”皆为“景（入声）山”。这座历代每逢战乱乡民皆用来避祸的山，雄奇秀丽，一峰高峙，每年冬天场口一带的第一场山头雪总是先覆盖其上。《富春瓜丘孙氏宗谱》有诗《甑山云雾》道：“奇峰崒嵂云为帽，怪石参差雾作鬟。莫道此中无佳趣，静观不是在人寰。”

甑山往北，山势渐缓，远山、次山萦回呼应，低丘缓坡、盆地平原穿插其间，直至沙洲浅滩。这一带，最知名的山要数屠山了。这座今天叫“凰山”的山，是桐庐和富阳的界山，在山脚桐庐江南镇和富阳的申屠氏家谱里，记载这座山因申屠刚避新室之祸（西汉时公元9—23年左右），申屠蟠晦党锢之名（东汉时公元165—167年），就地结庐，先后隐居于此而得名。由此，富阳有关隐逸的古老记载也来源于这座山。屠山上还曾有一座大雄寺，建于唐长庆三年（823），在南宋《咸淳临安志》及现存的民国《富桐大雄寺寺谱》里有不少相关记录。清末，上图山举人柴锡堂与同族兄弟柴纪堂等在此创办东图书院。20世纪70年代，大雄寺最后一位师

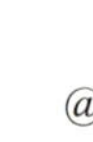



父志林和尚圆寂。之后多年，大雄寺旧址兴办过初中、小学。现在，在寺庙遗址旁边建了一个隧道，杭黄铁路呼啸而过。

等到了王洲岛上南望，“平沙数十里，千家星布，万峰拱列，烟树迷离”。所见景象被岁月眷顾，自古而今皆然，无论用传统中国画的水墨意境，还是用现代摄影、西画的景深、色彩、比例来表达，都能表达一致的山水审美。

如果，在人的一生里，有一天的时间来感受富春江，那么请在这段数千米的富春江及两岸的王洲或者新桐多停留一会。这时，你也可以做一回“吴均”，坐慢船，开慢车，骑行、漫步，或者坐下来，什么也不要做。

# 四、沧浪之水

欲寻天子岗，先且问瓜邱。
霸业埋荒径，雄风逐水流。
残碑然处觅，断岸久还流。
日暮寒鸦集，依无古渡头。

这一首《瓜桥古渡》诗，来自《富春王洲叶氏宗谱》里的“王洲八景诗”。类似这样的诗句，在这座沙洲上现存的宗谱中，可以找出数十首，可见，瓜邱、瓜桥埠、瓜江是沙洲居民的集体记忆。

王洲，孙钟瓜圃，孙坚崛起之里，富阳三国东吴文化发源地，富春江、瓜江、壶源溪三水环绕。各自的家谱上记载了他们的祖先何时来这里定居。其中最早的记载来自新元村《富春王洲孙氏宗谱·孙洲记》（民国四年，1915）：“富春西去四十里许，有地曰洋涨。孙氏数百家环而居之，因名其地曰孙洲。溯厥所由，自春秋

时有孙明者，见其地千趣万态，遂构室而居之。”

这座沙洲的地理形态，太久远的历史已经不能考证，目前见过的最早的地图来自南宋《咸淳临安志》，富春江的这块区域有洋涨、石涨、桃花小涨三处。

自孙氏始迁祖富春侯孙明起，这座富春江上的沙洲，在分分合合中，终于因为孙权父子兄弟，在富春江的历史中留下了最为厚重的一笔。

这一笔的起始，是东汉末年一个瓜农。

《艺文类聚》卷八十七《瓜》载：“孙钟，富春人，与母居，至孝笃信，种瓜为业。忽有三年少来乞瓜，为钟定墓地，出门悉化为白鹤。”并注：钟，“孙权祖也”。

雄瓜地

孙钟种瓜，是富阳三国文化第一个要讲的故事。

这个故事，离三国最近的东晋干宝《搜神记》和南北朝刘义庆所编的《幽明录》中各有演绎，虽然民间的传说往往免不了带有神异的表达，但故事的核心始终是孙钟种瓜施瓜的善行。康熙《富阳县志》也将孙钟列为孝行第一："汉孙钟，富阳人，性至孝，以种瓜为业。瓜甚美，好施，每遇贤达长者，必设瓜相饷。今瓜桥埠所谓瓜田是也。"

种瓜种德，王洲地区的古地名"感化里"为此做了最好的注脚。

孙钟有三个儿子，次子孙坚，《三国志·吴书》中有传。"孙坚，字文台，吴郡富春人，盖孙武之后也。少为县吏。"在出任郡吏之前，孙坚一直与父亲孙钟生活在这片沙洲上。宋代的《太平寰宇记》引《吴录》也有记载："浙江经县前过，江中有沙涨，吴武烈帝为郡吏赴府，乡人饯之，会于洲上。父老云：'此沙狭而长，君其为长沙太守乎！'后果如父老之言，因于长沙起兵，为吴始祖，遂名此沙为孙洲。"

如今的王洲，新元村五堡自然村是沙洲上的孙氏后裔聚居地。有村民家中保存有绘制于明代的《吴大帝持玉笏朝拜玉帝像》，收藏着《富春王洲孙氏家谱》。家谱上，富春孙氏瓜瓞延绵，一目了然。在村里年长老人的叙述里，早年龙门孙氏后裔每年清明时节都会来五堡村祭祖。祭祖之后分馒头，男男女女、秀才学子都有不同的分配标准。

在王洲，还有更多的东吴文化遗存遗迹在距离新元村数里、富

春江支流瓜江畔的瓜桥埠村。20 世纪 90 年代初，孙权后裔、著名杂文家何满子（原名孙承勋）邀请赵朴初、费孝通、陆抑非等文化大家，为王洲题写了“孙权故里”“吴大帝故里”“雄瓜地”“瓜桥埠”等碑铭。这些石碑都被安置在瓜桥埠村，和孙钟故址石涨庙、吴大帝庙、集善亭共同丰富了岛上的东吴文化资源。

集善亭内尚存的《瓜桥埠集善亭碑记》，因碑石风化，影响阅读，近年在修缮时，在亭外重新立了碑，请富阳本地书法家萧荣年摹写了碑文。此碑记较为详细地记录了王洲与三国东吴大帝孙权之祖父种瓜于此的记载，碑文曰：“天地以人传，因种瓜之处有桥，以瓜桥名；因瓜桥之处有渡，以瓜桥埠名。”又云：“环洲皆江，瓜桥滨南之小江，其埠向有市镇，立官盐栈，今则移于场口。欲问昔之某街某巷而遗老尽矣，残碑断碣，湮没失所矣。嗟呼！瓜桥之有市镇百年之间耳，仅得之父老传闻，况孙氏三国，迄今千有余年哉。”

“十里山行杂市声”，看着碑文，想起范成大过仪凤村宝林院时写的诗句，可以想见当年壶源溪流域集市时的生活景象，也可见瓜桥埠人来人往，瓜桥江舟楫林立，附近的大庙香火鼎盛，王洲的乡村是何等热闹。

2022 年盛夏，徜徉在王洲的田园，走过一个个东吴文化遗存，看碑记上的故事。历史和现实勾连在一起，富春江钟灵毓秀，遥想三国风云激荡，颇合《晋书·殷仲文传》中记载的一笔：“（殷仲文）行至富阳，慨然叹曰：‘看此山川形势，当复出一伯符。’”

如今，被富春江绿道和瓜江绿道所环抱的古老沙洲，共同奏响了王洲的现代奏鸣曲。

沿着富春江绿道行进，一边是秀美田园，一边是风景如画的富春江。这些年，随着乡村游的兴起，开阔了视野的渔民、农民，开出来一家家江鲜馆、民宿，率先尝到了乡村振兴的甜头，返乡青年、外来客商、创业者随之陆续慕名而来，丰富了这里的业态。

绿道沿线，人们靠水吃水，开出来不少江鲜馆，这些店主打经营富春江江鲜、农家土菜。原汁原味的食材，恰到好处的火候，清蒸红烧，水煮乱炖，乡野的或精致的烹饪方法，烧出来鲜香四溢、风味独到的地道江鲜，时间久了，每一家店的特色大家都耳熟能详。

在王洲的西头，是一处天然洪积植物园，生长着一百多种来自富春江上游山林的植物。在这里，紫金牛、华东魔芋、苦竹曾经成片生长。还有一棵偌大的薜荔藤，攀援着一棵香樟树生长了不知多少年，掉在地上的果子，足有两三个无花果大小。

林间的交叉小径，都曾经是岛上的居民在无意中踩出来的，上面常常铺着松软的落叶，无数次走进这片林子，自然的、乡土的气息扑面而来。这是富春江沙洲上独一无二的风景。

现在的这片林子，开发公司已经入驻，人和植物将互相学习接纳，并重新调配对这片土地的使用权。苦竹林消失了，原来生长华东魔芋的地面，已经铺上了草皮，森林公园重新规划了这片土地，做出来一个旅游产品，人和自然的这场互动将由时间验证结果。

“一犁十八亩，饿死小牛犊”这句俗语是用来形容沙洲上的农田面积大的。这块孙钟种过瓜的沙洲，至今仍然是富阳重要的农业区，

春天里插秧、种西瓜，夏天西瓜成熟，玉米和高粱竞相朝着天空生长，秋天以后，高粱收获，沙洲上场口土烧酒的香味在不同的村庄里萦绕，前一年收获的高粱正在被做酒师傅酿制。节气变换，瓜桥埠村外田野里的金丝皇菊盛放的时候，农户们采摘，游客来观赏、摄影，菊黄蟹肥，多么美好的秋天。一到冬天，王洲沙壤土出产的萝卜、大白菜成熟，萝卜炖肉，大白菜清炒，朴素的食材，传统的烹饪方式，在乡村过时节的时候，依然是受欢迎的家乡味道。

场口地区包括王洲的时节，大多数集中在下半年秋收之后，不少由两宋时期从中原、安徽等地迁来定居的人，有的保留了北方的庙会习俗，有的将定居的日子作为节日。场口人过时节，是一种“活色生香”的民俗传承，也是乡村最欢乐的日子，对老场口人来说，过年都没有过时节热闹和重要。

波澜壮阔的时代，构成了气象万千的生活景象，属于王洲人民的美好生活旋律，是《牧童短笛》，是《斯卡布罗集市》。

# 五、在水一方



提及东梓关，总会有一些词汇高频率地出现，比如富春江，比如郁达夫和许家大院，比如张绍富和骨伤科，还有近些年颇为引人注目的“杭派民居”、富春江江鲜大会。

千年古村东梓关，地理位置优越，历史渊源悠久，文化底蕴深厚，是杭州境内颇有名气的古埠名镇，上接桐庐建德，下承富阳钱塘。

濒江而居的东梓关，也拥有富春江开放而包容的气质。

村里现存清末民国初的建筑很多，大多数是村里望族许氏“许十房”所有，百十年过去，村里散落的这些旧宅，被时光打磨后，一个个故事沉淀下来，历久弥新。

短短数年，因缘际会，这个沉寂许久的村庄，重新出现在公众的视野里，并且作为中国唯一乡村振兴典范案例被美国“Discovery”纪录片《治国方略：中国这五年》收录。随后几年到现在，东梓关一直被各级媒体持续关注，2022 年江鲜节期间，央视中文国际、

纪录、科教频道等分别有不同的栏目组，带着各自的选题来东梓关进行摄制活动。

2016 年 8 月，杭派民居交付，2017 年底，部分村民入住，设计师孟凡浩在微博上晒出了一组图，内容是东梓关杭派民居的建筑组图。这随意发布的一条微博，在短时间内引发了网民的热情关注，央视春晚剧组也因此特意赶到东梓关拍了一组片花。

同年 5 月，具有建筑界“奥斯卡”之称的 Architizer 2017 A+Awards 颁奖典礼在美国纽约举行，来自中国的 gad 团队，凭借设计作品“东梓关杭派民居”，一举夺得 Jury Winner（最佳评审大奖）。

东梓关

在设计师孟凡浩的理念中，中国的乡村需要守护和反哺。在辽阔土地上的广大乡村，被城市远远甩在身后，为乡村做点什么，是他作为一位设计师的社会责任感。

设计，让乡村更美好。站在四季的风景里，远观 46 幢杭派民居组成的建筑群，无论天晴下雨，吴冠中笔下水墨江南的韵味都扑面而来。在这里，你可以感受乡间的诗意栖居，也可以和村民共享这山水田园间的闲适生活。散落东梓关村的十几家民宿，无论是作为村庄的原住民，还是慕名而来租房做民宿的新东梓关人，在东梓关都可以感受到现代乡村发展的红利。

生活中的小幸福，有时候就是这样简简单单。走在江边的骑行道上，你可以迎着江风，看富春江昼夜奔流。走进村里的寻常巷陌，你眼中所见的粉墙黛瓦，道是寻常，却让人真实感受到一个乡村低调的复兴之路。

如果说东梓关是现代乡村的理想模式，那么从富春江畔交通便利的东梓关，迁居到富阳最高峰杏梅尖山脚下的孙氏族裔，则以一种隐逸的姿态，在龙门溪和剡溪流经的土地上，用建筑形态展示了中国古老家族的传承脉络。

1000 多年的岁月，若白驹之过隙，忽然而已，而村里的家谱却是写满了一页又一页。从鼎立一方到耕读传家，孙氏子孙沿着村里千余米长的老街，沿着溪流山道，走出去，也走回来，然后各自在家谱上留下或深或浅的印记。

来龙门，不止有古镇。曾经在傍晚时分数次来这里，然后跟着

在龙门工作数年的朋友一起转悠在悠长曲折的巷子里，边走边听他讲老宅的故事，发生过的故事，修缮的故事，利用的故事，每一个故事都折射了龙门的历史和当下。

龙门古镇景区入口处有一棵“三国树”，送树的江苏沭阳人郑永凯用十年的时间在龙门照顾他带来的这棵树，也和古镇结下了深厚的情谊。2022 年 5 月，他和妻子返乡时，村里人敲锣打鼓，依依送别。

龙门溪边有一棵枇杷树，有几年结果多，有几年结果少，溪里有几只鸭子，在流水和水草间追逐溪鱼。写生的画家或学生，坐在溪边、岸上、枇杷树旁，捧着画板，一待就是大半天。有一条只能走一个人的小弄堂，转弯的墙角挂下来一枝凌霄花，是个路标，转过去就是一个大宅院，直通砚池。义门前面有一棵石榴树，很多年似乎都没有变过模样。

“跟着水走就不会迷路了。”这句话是龙门人经常告诉游客的，对家乡的偏爱溢于言表。在龙门，走小巷像是探秘，你会发现这里厅堂密布，巷道交错，墙檐相连，房子和房子之间贯通一体，和老家谱上瓜藤图有相近的寓意。

这个活态的 4A 级景区，原住民仍然生活在这里，他们中有人从老宅里搬出桌椅，支起小炉灶和案台，售卖特色食品油面筋和米酒。也有不少的外乡人，一转一转来了龙门街上，他们和本地人一起，经营民宿、餐饮，售卖各类文创产品。

相比城市的快节奏，古镇的生活就显得慢，慢且悠闲，是令人向往的生活之一。

富阳城区陈家弄亲水平台鱼市上，一位渔民斜斜靠在椅子上，眼睛闭着，似乎睡着了，阳光懒洋洋照着他的侧脸。他的左边，有个渔妇在杀鱼，右边，一条大鱼跃出了水盆，看守的渔妇眼疾手快地把它重新抓回来。零星有几个人逛过来，在一长溜的大水盆前略略停了停，又走过了晾晒着的青鱼干。

睡着的渔民身后，停泊的渔船分停两侧，中间正好留了一小截空白水面，夕阳下，水波不兴，远处江南的山峦隐隐约约，仿佛整条富春江都是他的。

富阳籍年轻导演顾晓刚的电影处女作《春江水暖》中的顾家老二，就是活跃在陈家弄的亲水平台的真正渔民。当镜头停留在他的那双手上，渔民几十年的生活积累都展现在观众眼前，这个时候，导演想要表达的所有情感都已经在里面了。

这里的渔民，不少在附近的鱼种场路有房子。鱼种场路因曾经有许多培育鱼苗的池塘而得名，后来鱼塘被填成平地，政策变化，让渔民上岸居住，就有渔民陆续在鱼种场路造了房子。现在，走过江边时，经常能看见渔船沿着富春江驶进苋浦江，穿过古老的恩波桥，停泊在大浦闸边上苋浦公园处。曾经是“春江八景”的“苋浦归帆”，在渔船突突突的马达声中，缺了浪漫的意味，却多了不少生活的烟火气息。

陈家弄亲水平台所在的江面，富阳人通称为富春湾，富春湾的南面，是正在建设中的富春湾新城。这座被富阳人寄予厚望的新城

建成后，富春江将成为富阳的“城中江”，富阳城的发展，将随着交通、产业、科技的发展，进入一个新阶段。春江潮涌，有关于富春江的这篇文章，将输入更为清晰的未来图景。

# 六、高蹈之心

央视大型文化纪录片《宋之韵》开篇第一集，就把宋词比作富春江，“一路幽幽静静地流去，一曲一种气象，一弯一种景色”。

在更为广阔的文化视野里，富春江有着比宋词更丰富的内涵。山青水碧的富春江，自古以来就是中国山水文化精神的重要载体，是文人雅士的向往之地、隐逸之所。无论是“屠山”得名的由来，还是谢灵运笔下的“洊至宜便习，兼山贵止托”。“隐逸”这个符号与富春山水实现了精神和现实的对应，天人合一，道法自然。

“肥遁先生志，祠堂重此州。”

肥遁，遁卦上九。《周易正义》中唐代孔颖达疏：“《子夏传》曰：‘肥，饶裕也。’……惟上九最在外极，无应于内，心无疑顾，是遁之最优，故曰肥遁。”宋代苏东坡《东坡易传》的解读是：“上九：肥遁，无不利。《象》曰：肥遁无不利，无所疑也……”

两者对于“肥遁”的解读接近，再用一句很现代的话语来解读

严子陵，那就是说他无牵无挂，远走高飞去了。通观中国数千年的文化史，中国古代的君子、士大夫的人生理想总在“登庙堂之高”和“处江湖之远”之间摇摆，但只有在严子陵这里出现了“客星犯御座甚急”之后依然“拂袖长歌入富春，沧江深处独垂纶”这样的孤例。也因此，范仲淹写道：“微先生不能成光武之大，微光武岂能遂先生之高哉？”再之后，“严光万古清风在，不敢停桡去问津”。富春江的隐逸文化，因为有了严子陵，在之后的历史上，都是不能抵达的高处。

隐居在富春山水间的严子陵，“垂钓处”在富春江沿线皆有分布，富阳鹳山、桐洲岛、桐庐钓台这三处被志书、家谱记载最多，而更多关于“垂钓”的意象则随着士大夫的传颂、追随，清风万古。

鹳山

《宋史·陆游传》：“（游）起知严州，过阙，陛辞。上谕曰：‘严陵山水胜处，职事之暇，可以赋咏自适。’”

严子陵隐居的富春民风朴厚，注重名节。清光绪《富阳县志·风土志·风俗·旧俗》载：“富春虽濒江，民不以鱼盐为业，男力耕，女勤蚕织，田野朴厚，词讼简少。士习礼让，慕高逸，亦专科举之业，有弦诵之风。”“士大夫居乡者，往往以名节自励，出仕者咸以清慎相勖，鲜置田园宅地。”“邑中缙绅多爱惜名节，不肯以贵势凌人，乡人以曲直来质者，多据理开论，无敢武断。”

“不见严夫子，寂寞富春山。”从富阳风俗淳厚可以窥见严子陵高风入人心之深，反过来说，也可见富春大地秉着真山真水真民风招徕隐士。

严子陵来，黄公望再来，来了也不走，同一条江，同一座山，一前一后，山高水远，丹青峥嵘。

富春山水终嘉遁。嘉遁，苏东坡的解读是：“九五：嘉遁，贞吉。《象》曰：嘉遁贞吉，以正志也。六二，九五配也。舍其配而遁，故曰嘉遁。犹惧其怀也，故戒之以贞吉。”朱熹《周易本义》曰：“刚阳中正，下应六二，亦柔顺而中正，遁之嘉美者也。占者如是，而正则吉也。”

对照严子陵的肥遁，属于黄公望的这一卦，则多了一些世俗的牵绊，生活化得多，是他半生飘零，终究在山水中得到慰藉的说明。

作为一峰道人的黄公望，着袍、冠巾，持一铁笛，自然有一个隐逸的标签，但他还是要卖卜鬻画，拄杖、衣褐，奔走于富春山水

的平远、阔远、高远之间。每见胜景，则摹写之，他以山水为师，将对天地人生的感悟都用浓墨、淡墨融于《富春山居图》的各种皴法里。

《富春山居图》中，江波浩渺，洲渚相连，傍岸水阁凉亭，屋舍人家掩隐于坡石杂树间。

《富春山居图》的意象，是自在精神在富春山水间的诗意栖居，是画中天人合一的境界里，画家与村夫野老为伍，游憩于自然的情怀。

在《秋山招隐图》的题画诗中，他说选了在富春山隐居，题名“小洞天”，里面还有一座南楼。春秋时焚香煮茗，有时也凭栏远眺，看晨雾观夕照，看月光或雨水洒进窗户，有时会恍然觉得不在人间。

在人世间行走的黄公望，作为道士，也四处云游。至正七年（1347），他返回富春山小洞天，无用师弟和他一起回来。闲暇时，他开始在南楼着手创作《富春山居图》，兴致来了就画，也不觉得疲倦。其实构思布局已许久，只是笔墨慢慢填。他说大概是画卷长留山中，而他自己经常云游在外的缘故。于是，他把这幅画带在身边，早晚闲暇时就涂几笔。师弟无用师怕有人巧取豪夺，就请他先在卷末题记说这幅画是要给他的，这样也可以使人知道这幅画创作的过程多艰难。至正十年（1350）春，端午节前一日，黄公望终于完成了这幅传世名作。

从此，黄公望成为另一座高峰。

他开创了一代画风，经明代董其昌倡导，清初“四王”（即王时敏、王鉴、王翚、王原祁）追随，风靡明清画坛，甚至“家家子久，户户大痴”。沈周背临，张宏对临，无数画家“师其迹”“临其意”，直到今天，“山川浑厚，草木华滋”的富春山水，依然是写不尽的黄公望。

2011 年 6 月 1 日，海峡两岸携手在台北故宫博物院举办“山水合璧——黄公望与《富春山居图》特展”。同时，“诗画·富春山居”摄影展把“现代版的富春山居图”送到了合璧现场。合璧周年之际，黄公望纪念馆在他的隐居地庙山坞建成开放，两岸“公望文化周”活动肇始。

2016 年 9 月，公望美术馆开馆，故宫博物院与富阳区倾心合作“公望富春——名画回故乡特展”，浙江省博物馆的镇馆之宝黄公望《剩山图》卷、南京博物院珍藏的黄公望《富春大岭图》轴和倪瓒《古木丛篁图》轴欣然参展，再加上故宫博物院珍藏的黄公望《九峰雪霁图》轴、吴镇《溪山高隐图》轴，中国美术学院藏王蒙《风满山林图》轴，“元四家”携故宫博物院收藏的历代临仿黄公望作品中遴选的数十件精品，包括明代“吴门画派”之首沈周，“浙派殿军”蓝瑛，晚明画坛领袖董其昌及项圣谟，清初“四王”及吴历、恽寿平等大家作品齐聚富阳。

因为有黄公望，才有了这次相聚，短短三个月的展览，来自国内外的 30 多万名游客慕名而来。展览期间，有人不远万里，有人连续一个星期来展厅参观。

富阳，有一条富春江，江中是富春渚，江边是富春山，山水之间，黄公望且行且画，令无数后人高山仰止，景行行止。

# 七、山水宣言

公望美术馆所在的富春山馆，也是一件黄公望的“临本”。

2022 年大年初七，飞雪迎春，一场大雪纷纷扬扬落在富春山馆的屋顶上，有人说，这雪，仿佛就是为了屋顶而下的。

博物馆、美术馆、档案馆“三馆合一”的富春山馆，设计者为王澍。博物馆展现历史，美术馆展现艺术，档案馆展现传承。富春山馆的设计巧妙地融合了城市山水文化，形成可望可行、可游可居的意象和想象。

走进山馆，仅仅五六年时间，长廊一侧的竹子栏杆，已经有了浓浓的被岁月打磨的痕迹。遮蔽一半的廊顶，是古老的山径，风送雪花过来，打着转儿飘落，一会的工夫就积起薄薄的一层。

进入馆内，人行其间，行行复行行，仿佛到了，但又绕了一个圈。在这里，时间和空间被重新安排，模糊了边界，宛如墨色流淌。

山水华滋，草木葱茏，日夜兼程的富春江被诗意解读。

一江春水



富阳，这座拥有 2200 多年建置史的古老小城，孕育了吴大帝孙权、晚唐诗人罗隐、大画家黄公望、现代著名作家郁达夫……作为《富春山居图》的实景地、原创地，在艺术的表达和传承里，富春山水与黄公望一起代表了一种悠长而又丰厚的风雅情怀和山水传统。

诗词歌赋，笔墨山水，富春山馆的建筑灵感就源自《富春山居图》及《写山水诀》中的“远山”“次山”“近山”的空间关系表现手法，整个建筑形态高低错落，廊檐绵延，水墨意境，恰似富春江边的富春山之形。

建筑是无声的艺术，设计师王澍是获得建筑界最高荣誉普利兹克奖的中国第一人，他将传统建筑元素与现代工艺元素巧妙融合，

造型简约而灵动，外观严谨而颇具创意。

富阳的乡土建筑语言，是山馆的基石，而《富春山居图》则是山馆的底色。行走在这幅"建筑版"的《富春山居图》中，不知不觉如入山中，近山、次山、远山萦回呼应。"居"在山中，平远、阔远、高远，是黄公望的"三远"。青、灰、白的主基调，红色的老瓦、缸爿，是王澍的自然营造之法。

在虎年春晚上，创意音舞诗画节目《忆江南》，将音乐、舞蹈、表演融入中国传统山水画意境中，向观众呈现一幅美不胜收的《富春山居图》景象。

天下有山亦有水，富春山水非人寰。

在漫天飞舞的春雪中，富春山馆、富春江、两岸青山，被雪花晕染，绘就新年里别样的山水长卷。

2022年春节前夕，一场"富春山居　宋韵迹忆"富阳宋韵文化展在富春山馆的博物馆中拉开了帷幕。

展览分富春宋迹、富春宋风、富春宋生活三个部分。

自绍兴八年（1138），宋高宗赵构定都临安（今杭州），富阳与新城（今属富阳区）共为临安府的畿辅之城始，宋韵文化就渗透在富阳的山水之间。

泗州造纸作坊遗址、灵动飞扬的吉祥寺造像石刻、大中祥符二年（1009）九月二日记铭文砖、墨书"库司"青白瓷碗底，现场的文物、流传千年的诗文、生活习俗表明，宋韵、宋风、宋生活，从来没有远离富阳人的生活。

岁月流转，不曾磨灭千年前的故事，而承载这些故事的，是留存在富春大地上的那些文物，是传唱至今的歌咏，也包括富春江边这座新建成的富春山馆。

每一个时代，都需要属于自己的标识。

2019 年 4 月，电影《春江水暖》，以首部获选戛纳影评人周单元闭幕影片华语电影的姿态进入大众视野。这部被影评人认为具备“辽阔深远”气质的剧情长片，以山水画卷轴的意象，讲述富春江畔一家三代人面临的生活考验、人间烟火里的亲情抉择，温暖呈现普通人对生活的美好向往。

电影里有个长达 11 分钟的长镜头，画面流动，自鹳山西侧沿江游步道始，从左往右，镜头和风景平移，岸上有人行走，江中有人游泳，仿佛古人缓缓打开山水长卷，且看且展，且展且收，在这里，现实的生活场景和山水画的意象实现了美学上的呼应。

“我的家乡富春江，有山有水有太阳，一江春水向东流……”

在另一个场景，油画家章晓明在公望美术馆“富春江赞”展览上，展出了一组六幅的油画作品。在这组名为《江水如镜》的作品中，富春江具体的景象被模糊，在奔流不息的江水里，画家截取了他所熟悉的一个固定江面，仿佛推窗而望，眼前的江水，在清晨、傍晚，月光下，暴雨中，或者并不准确的四季和天象下，有着含蓄的、内敛的气韵。每一幅作品色调高级，都有独立的复杂情绪，在画家创作的无数同一视角的画作中，选取的六件作品并不能完美表达他心目中的富春江，当然，所有的画作展示也并不能完整表达。就像“诗

无达诂”，油画视角下的富春江也一样没有一成不变的解读，但这组让人宁静，也让人心潮澎湃的作品，展现了富春江的丰富与大气。

在东方的艺术语言中，山水是自然宇宙的象征，以哲学性的深度铺陈在其美学意蕴里。“川阅水以成川，水滔滔而日度”，陆机的这句话，放在富阳“一江十溪”的语境里，是两岸溪流汇聚富春江，江水东流不绝的景象。在最近的一场主题为“宋韵迹忆”的艺术活动中，众多艺术家在富春江流域“行走”“来回”，然后将他们对富春江文化基因和精神密码的理解，用影像艺术的手段进行展现。其中有一组作品，摄影家欧阳世忠以南宋马远的《十二水图》为灵感，用富春江水重构了现实版的《十二水图》。

马远的《十二水图》堪称宋朝美学的极致代表之一，观照现实，写不完画不尽的富春江，自建德入钱塘，百里行程，都在自然山水与人的对话中，溯回到马远笔下。

经过一重重山水，富春江水中的每一朵浪花，于春夏秋冬盛放。

# 第二章

# 秦山晋水如画图

——裘一琳

点开卫星云图，在东经 119°25′—120°09′、北纬 29°44′—30°12′的中国大陆上，有一处绿意盎然、生机蓬勃的地域，那就是浙江省杭州市富阳区。一个以“八山半水分半田”为基本地貌特征、拥有丰富自然山水风光和深厚历史文化积淀的文旅胜地。

富阳，古称富春，相传因境内拥有一条“一川如画”的富春江而得名，至今已有 2200 多年的建置史。

富春江亘古奔流，一如历史长河，迄今已不知存在了多少年。而考证先有富春江名还是先有富春地名的，历来不乏名人雅士为此费尽笔墨，但最终沦为“先有蛋还是先有鸡”的旷古猜想，徒增民间笑谈而已。

富春置县于秦始皇初定郡县之时（公元前 221 年），是我国最早建县的地方之一。更因此地为三国时期吴大帝孙权的故里，诚所谓地灵人杰，古往今来备受世人仰慕。

而富春江真正走进中国的人文历史，当推 2000 年前的东汉高士严子陵隐居富春江边“披裘垂钓”。从此，富春江成为中华传统隐逸文化发端和发育的重要铺垫。

# 一、一江文章美如画

当年严子陵老先生在“一百许里”的富春江两岸，留下了多处垂钓处，令历朝历代的文人雅士“趋之若鹜”，争相体验“严陵滩下，鹭飞鱼跃”的林泉生趣。于是谢灵运来了，李白来了，白居易来了，范仲淹来了，苏东坡来了……自晋代以降，有历史记载的古代文人墨客吟咏富春江的诗词歌赋达2000多首，成就了富春江“浙西诗路”的旷世美誉，留下了太多迁客骚人“一江好文章”的赞叹。

“天下有水亦有山，富春山水非人寰。”富春江山水因其耐人咀嚼的幽邃神秘而备受文人关注，成为理所当然的题咏之资。

翻开诗文典籍，我们不难发现，在“两岸青山，一江碧水”的富春大地上，曾经文澜如波，浩浩汤汤——

摇曳过严子陵的高台钓竿：“怀仁辅义天下悦，阿谀顺旨腰领绝。”

崛起过孙仲谋的江东好汉：“天下英雄谁敌手？曹刘。生子当

如孙仲谋。”

涤荡过谢灵运的屐履疲倦：“宵济渔浦潭，旦及富春郭。定山缅云雾，赤亭无淹薄。”

流逝过罗隐对晚唐的黯然：“远岸平如剪，澄江静似铺……严陵亦高见，归卧是良图。”

见证过苏东坡的婉约与豪迈：“野桃含笑竹篱短，溪柳自摇沙水清。”

流淌过郁达夫的乡愁情怀：“碧桃三月花如锦，来往春江有钓船。”

……

中国人有一个习惯，当觉得一个地方美得不可方物，实在难以用言语来表达她的这种好处时，就用三个字一言以蔽之——美如画！

富阳，就是这样一个让世人不得不用“美如画”来形容的山水人文“画境”。

身临其境，谁会拒绝自己真正成为画中人？谁能在天造地设的画境中不起流连之心？

无独有偶，中国古人喜欢用比喻的手法在自然界寻找人生品质的对应物，因此，水的流畅自如被看成智者的象征，山的宁静自守被看成仁者的象征。所以就有了孔子很著名的八个字：“知者乐水，仁者乐山。”这还不仅仅是一般的比喻和象征，孔子分明指出，智者和仁者都会由此而选择自己所喜爱的自然环境，这已近乎现代心理学所说的心理格式对应关系了。

的确，在富阳，水行山中，山绕水生。两岸青山，山为水铸情，满目葱翠伴云生；一江春水，水因山溢美，澄如湖海碧连天。无论是仁者还是智者，到这里都能“适彼乐土”。

对于山水“画境”来说，一般有两种体现形式。一种是画家描绘在纸上的笔墨作品，一种则是大自然用鬼斧神工雕凿而成的明丽的山川河流。

而有这样一位文化大家，愣是用 144 个字，向他的圈中好友描绘了这一画境的美妙和生动。从此，他的一时观感，竟在“朋友圈”

富春江

中“霸屏”1500多年。

他就是南朝梁史学家、文学家吴均。他和他的《与朱元思书》至今脍炙人口、江河万古。

风烟俱净，天山共色。从流飘荡，任意东西。自富阳至桐庐一百许里，奇山异水，天下独绝。

水皆缥碧，千丈见底。游鱼细石，直视无碍。急湍甚箭，猛浪若奔。

夹岸高山，皆生寒树，负势竞上，互相轩邈，争高直指，千百成峰。泉水激石，泠泠作响；好鸟相鸣，嘤嘤成韵。蝉则千转不穷，猿则百叫无绝。鸢飞戾天者，望峰息心；经纶世务者，窥谷忘反。横柯上蔽，在昼犹昏；疏条交映，有时见日。

吴均在书信中，把“美如画”的富春山水，比作可以让人“望峰息心”“窥谷忘反”的心灵栖息地。尽管他知道自己一时间难以抛却“千钟粟”，但他分明通知了他身边的亲友，有钱有闲的可以到这样的画境中安度余生。

也难怪吴均生发这样的感慨。

其实，同是南朝时期，比吴均早约80年前，有中国山水诗派鼻祖之称的谢灵运，就到过富阳。他虽“性好山水，游踪飘忽”，但当他驻足富春江一带这方灵动山水的时候，竟隐隐生出把身心留在此处的心愿。他在《富春渚》一诗中有“兼山贵止托”“平生协幽期”等句，流露出在富春画境中托身、幽居的向往。

回顾历史，不禁令人怅然，要是当年这位山水诗人真的留下来该多好啊！谢灵运在富阳之行后不久，就被改朝换代的宋文帝刘义隆以“叛逆”罪杀害，年仅49岁。这样一位在中国历史上鼎鼎大名的谢家公爵，兼通史学、擅书法的大诗人，怀着携身心“入画”的愿望而丧身于乱世，留给后人的唯有无尽的悲凉和唏嘘。

自古以来，在文化人的眼中，能够在富春江上“从流飘荡，任意东西”，能够在富春山下“青笠绿蓑，独钓寒江”，是一件令人心旷神怡的快事、乐事。

归舟一路转青蘋，更欲随潮向富春。
吴郡陆机称地主，钱塘苏小是乡亲。
葛花满地能消酒，栀子同心好赠人。
早晚重过渔浦宿，遥怜佳句箧中新。

唐代那位写出“春城无处不飞花”的“大历十才子”之一的韩翃，因送朋友与富春山水有过短暂接触，诗兴大发，实话实说，到了这里，连写诗的灵感都更足了（一路上让他随身的小箱子里多了许多佳句）。

唐宪宗时官至礼部尚书、同中书门下平章事（相当于宰相）的权德舆，一生忙于政事，好不容易有机会来了一趟富阳，便纵情富春山水，写下了《早发杭州泛富春江寄陆三十一公佐》《富阳陆路》等诗作。“未离奔走途，但恐成悲翁”，有了富阳之行，能亲身体

验一把富阳“画境”的美妙享受，便此生无悔矣！

可以得出一个结论，富阳的“美如画”，早已随着一首首脍炙人口的歌赋诗章，融入这方奇异的自然山水，融入富春儿女的血脉情怀，融入从古到今迁客骚人和四方游客的心坎儿，成为另一种令人刮目相看的历史隽永！

“潮去潮来洲渚春，山花如绣草如茵。”唐代诗人许浑把春江两岸的美景看作是富春“画境”大写意的底色。而与之差不多时期的富阳状元郎施肩吾，在《春日题罗处士山舍》诗中也把家乡的风情浓墨重彩地渲染了一下：“乱叠千峰掩翠微，高人爱此自忘机。春风若扫阶前地，便是山花带锦飞。”

两位诗人一个把富春山水比作“绣”，一个把富春山水比作“锦”，可见富春山水在历朝历代的文人墨客心中已是锦绣了千年，璀璨了千年……时事已矣，岁月流转，当经历了无数个春夏秋冬的山水画卷，抖却满身的历史风霜，留存下来的不仅是如今满眼的姹紫嫣红、五彩缤纷，更是一段传诵千年的经典雅事，一首经久不息的人文礼赞。

青山绿水，百里江天，是令人流连忘返的造化杰作。在这幅延绵亘古的画作上，不仅有历代名人的缤纷咏叹，更有巨擘英豪谱写的辉煌篇章。

南宋著名将领、文学家、豪放派词人辛弃疾曾写有一首词《南乡子·登京口北固亭有怀》：

何处望神州？满眼风光北固楼。千古兴亡多少事？悠悠。不尽长江滚滚流。　　年少万兜鍪，坐断东南战未休。天下英雄谁敌手？曹刘。生子当如孙仲谋。

这是一首歌颂英雄人物的词。

当然，这首词是辛弃疾写于江苏镇江的北固亭，并不是写于富春江畔，但作者在词中颂扬的英雄人物——三国吴大帝孙权，是富阳人。

富阳，是孙权故里。

富阳，也是东吴文化传承和弘扬得最极致的地域之一。

千百年来，富阳场口镇王洲孙权祖父孙钟种瓜的传说，家喻户晓，尤其是“十八亩雄瓜地”古迹，至今仍让游客流连忘返。富阳有孙权后裔全球最大的聚居地——龙门古镇，被誉为“江南古镇活化石”，已有上千年建镇历史，人文积淀深厚，是华东地区著名的4A级旅游景区。当然，富阳还有独具特色的东吴文化公园等等。

1800多年前的东汉末年，孙权的祖父孙钟在富春江的一处沙洲上，以种瓜为业，奉老养小。他为人厚道，尤以孝名称著乡里。有这么好品性的家长，孙钟一家本应是耕读传家，成为地方上让人艳羡的殷实人家也未尝不可。

然而，不！

孙钟的儿子孙坚却是个热血青年，自小志存高远，不甘心一辈子与泥土打交道而庸庸碌碌。他生得相貌堂堂，一身英武之气，走

路带风，而且武功还不错。陈寿在史书《三国志》里评价孙坚“勇挚刚毅”“有忠壮之烈”。可见孙坚从小就不是一般的人物。

果然，他 17 岁时，因孤身在钱塘江边赶杀强盗、保护商旅而名声大噪，从此发迹。当时正值乱世，群雄割据，烽火四起，孙坚率领江东子弟投入军旅，转战多年，成为当时一名杰出的军事指挥员，在长江中下游地区创建起了规模不小的根据地。到孙坚和他大儿子孙策（小霸王）相继阵亡后，二儿子孙权接过父兄的接力棒，励精图治，最终建立起“三分天下有其一”的千古功勋。

正所谓“祖宗挥汗十八亩，子孙享国八十年”。到孙权在东吴称王称帝后，他祖父、父亲生活过的沙洲，被更名为“王洲”，一直沿用至今。

曾有人质疑富阳“孙权故里”的历史准确性，说孙权并没有生在富阳，长在富阳，而且史书中几乎找不到孙权与富阳有过瓜葛的文字，所以他们认为把富阳称为“孙权故里”有点牵强。

诚然，孙权出生于下邳（今属江苏徐州），从史书上看，他应该从小到大没有踏足过富阳，但是，这并不代表他心里没有装着他的祖地富阳。

举一个例子：

在富春江南岸的环山乡环联村，有一个自然村叫“陆墓”，是个古地名。无独有偶，在与环山乡隔江相望的新桐乡，也有一个古地名叫“程坟”。据当地老人口口相传，孙权称帝后，派人到富春江两岸踏看，最终选取了这样两个地方，作为他手下大将陆逊和程普的安魂之地（当然不一定是真人墓），以两位大将的英灵世世代代拱卫富春江上游他的祖地王洲。

由此推测，在百姓心里，孙权还是有浓浓的乡愁情结的。

还有，在保存于场口镇化竹自然村的《孙氏宗谱》上，有《天子自序》，是孙权对祖考宗脉的亲笔记叙。

再回头解读这首千古名篇《南乡子》。

上阕：从哪里可以眺望故土神州？眼前却只见北固楼一带的壮丽江山，千百年的盛衰兴亡，不知经历了多少风云变幻？说不清，道不明。往事连绵不断，如同没有尽头的长江水滚滚奔流不息。这句话，很契合明代杨慎在《临江仙》词中写的那一句："青山依旧在，几度夕阳红。"

下阕：想当年孙权在青年时代，已统领着千军万马。他坐镇东南，连年征战，没有向敌人低过头。天下英雄，谁是孙权的敌手呢？只有曹操和刘备可以和他鼎足成三。难怪曹操说："生儿子就应当如孙权一般！"

千年来，辛弃疾的"生子当如孙仲谋"的赞誉，让吴大帝孙权的家乡人民脸上增添了多少光彩与自豪，更为这物华天宝的山水画境添上了浓墨重彩的一笔。

孙权故里不愧是富春"画境"永不褪色的一抹亮色。

从波澜不惊的百里富春江，到波涛滚滚的万里长江，孙权父兄秉持江东父老的殷切期望，经过多年的浴血奋战，建立了三国之一的吴国，这是富春儿女的不朽功勋。

江天百里英雄气，三国豪雄是一家。

穿越历史时空，如今的富春江两岸，聚居着魏、蜀、吴三大国主的后裔，场口镇上村村的曹操后裔、龙门古镇的孙权后裔、渔山乡墅溪村的刘备后裔，大家亲如一家人，共同为建设美丽的山水人文画卷增色添彩。

# 二、富春山居真画境



历史的长河中，一脉灵动的富春江孕育了一代代豪气干云的巨擘英杰，谱写了一篇篇流芳百世的人文华章。富阳是孙权故里、郁达夫故乡，更是黄公望《富春山居图》的原创地和实景地。

“奇山异水，天下独绝”的清丽之地，赋予了富春山居美绝人寰的天生异禀。

“丘陵起伏，峰回路转，江流沃土，沙汀平畴。云烟掩映村舍，水波出没渔舟。近树苍苍，疏密有致，溪山深远，飞泉倒挂。亭台小桥，各得其所，人物飞禽，生动适度。”元代大画家黄公望把他对富春江两岸四时风物的独特解读，转化为翰墨丹青，留给世人一个世外桃源般的“山居即景”，从而将“富春山居”推向一个前所未有的人文高地。

“入山眺奇壑，幽致探何穷。一水青岑外，千岩绮照中。萧森凌杂树，灿烂映丹枫。有客茅茨里，居然隐者风。”这是黄公望题

富春江

写在《为袁清容长幅》画作上的一首诗。登高极目，眼前的景色五彩缤纷，美丽如画。这首诗从头至尾挥洒着诗人作为一位隐者的心旷神怡和旷达意境。

“富春之东，春江之洲”，就是富阳东洲。

在这个依山傍水、洲渚相望的妙境，有一处叫庙山坞筲箕泉的“洞天福地”，这里就是元代大画家黄公望晚年隐居的地方。

因一幅传世画作《富春山居图》，庙山坞黄公望隐居地的美名，便永远烙印在了中国的人文史册上，成为无可复制的独立 IP。富阳，也因为有了黄公望和他的《富春山居图》，成为“中国山居原乡”。

黄公望大半生浪迹江湖，在游历众多山水佳地后，晚年唯独钟情于富春山水，结庐隐居于庙山坞，他觉得富春山水才是他真正的心灵港湾，是最终得以窥谷息心的理想之地。

可以想象，当找到庙山坞这样美绝人寰的地方时，黄公望老先生是怎样的怦然心动。

而这样的山水妙境，对于一位丹青名家来说，又怎么能不技痒难耐呢？

也正是因为对富春山水的这份心心念念，让黄公望老人家不顾年老体弱，愣是倾毕生之功，在晚年完成了拥有旷世美誉的《富春山居图》长卷，从而登顶中国山水画的巅峰。

晚年的黄公望，文学造诣已是相当深厚，是名动朝野的儒学大家，只可惜到后世被他的画名给遮盖了。在他隐居富阳期间，于闲暇时烹茶焚香，坐山观江，留下了许多脍炙人口的诗作，有的录在了自己的画作上，有的作为挚友间吟酬相赠，所以得幸流传至今。

在文学大家、丹青妙手的黄公望笔下，诗即是画，画即是诗。

黄公望在给好友王若水的《山水》画题诗中，还有“富春山水终嘉遁”之句，“嘉遁”就是最好的隐居之地的意思，他把富春山居当作他人生的息心佳处，也就是他可以栖身寄心的地方。

借助相关资料，可得黄公望生平如下：

黄公望（1269—1354），元代画家。本姓陆，名坚，汉族，常熟（今属江苏）人，从小过继给永嘉（今浙江温州）平阳县（今划归苍南县）黄氏为子，居虞山（今宜山）小山，遂改姓黄，名公望，字子久（一说姓名及字出于黄家家主慨言“黄公望子久矣”），号一峰、大痴道人。黄公望曾做过小吏，因受累入狱，出狱后隐居江湖，入道教全真派。工书法，善诗词、散曲，颇有成就，50岁后始画山水，师法赵孟頫、董源、巨然、荆浩、关仝、李成等，晚年大变其法，自成一家。其画注重师法造化，常携带纸笔描绘虞山、三泖、九峰、富春江等地的自然胜景。其以书法中的草籀笔法入画，有水墨、浅绛两种面貌，笔墨简远逸迈，风格苍劲高旷，气势雄秀。其所作水墨画笔力老到，简淡深厚，又于水墨之上略施淡赭，世称“浅绛山水”。晚年以草籀笔意入画，气韵雄秀苍茫，与吴镇、倪瓒、王蒙合称“元四家”。擅书能诗，撰有《写山水诀》，为山水画创作经验之谈。存世作品有《富春山居图》《九峰雪霁图》《丹崖玉树图》《天池石壁图》等。

1338年，黄公望70岁。这期间，他在富阳庙山坞结庐“小洞天”，拥有了画室“南楼”，但时常外出云游，“收集”自然山水美景，为完善画技奔波不息。

作为一个经历过时事变幻、静心修道之人，黄公望生性坚毅，体魄异于常人，虽入古稀之年，犹显体力充沛。他平日里跋山涉水、登高远足，到处发现美景，并用画笔记录美景。现代人称这样的行为叫“写生”，而古时文人墨客或丹青能者称之为“笥箧随录”。元末明初陶宗仪在《南村辍耕录》卷八中对黄公望有这样的记叙:“皮袋中，置描笔在内，或于好景处见树有怪异，便当模写记之，分外有发生之意。”

那一年秋月，黄公望的松江好友任仁发（归隐于钱塘，字子明，号月山）来隐居地看望他，两人都是琴棋书画无一不通，心性高洁而又惺惺相惜。“有朋自远方来，不亦乐乎。”黄任二友好不开怀，在小洞天、南楼手谈（下围棋）作画、吟诗填词，一待就是半个多月。

其间，两人回忆往昔一起云游富春山、松江、虞山等地的情景，甚是快活。黄公望有感于老友的情谊，灵感袭来，夜以继日作画，最后将一幅山水画作完成送于子明。画面上有连绵不断、起伏有致的山峦，有渔人泛舟的河流，更有隐者和山居。此画正是《山居图》，即历史上备受瞩目的《子明卷》。

丰富的人生经历和游历写生，使得《子明卷》几乎在大半个月中一气呵成，黄公望精深的山水画修为跃然纸上。当好友临别时，黄公望在画作上写下题记："子明隐君将归钱唐，需画山居景图以赠别，大痴道人公望至元戊寅秋。"

虽然说《子明卷》一经问世，很快就在当时的文人"江湖"中声名鹊起，好评如潮，可心存高远的黄公望仍觉得此画在很短的时间内草草绘就，留下较多的遗憾。他在赠画的次年，到钱塘看望子明，复观画作，深觉意犹未尽，感慨良多。

又过去十多年，黄公望复览《子明卷》，又添了一道题跋："余时作此，意未足，兴尽而回。越十有三年，至正辛卯夏四月，复为士瞻足之。大痴道人再题。时年八十有二。"

正是这幅有遗憾的作品，令黄公望心有不甘，于是有了再次创作《富春山居图》的冲动，来弥补遗憾，也为后人留下了两幅旷世名作。

而后一幅黄公望心目中尽善尽美的《富春山居图》，却遭遇了难以言说的际遇……

元至正十年（1350），《富春山居图》画成后，黄公望便将此图题款送给了他的道友无用师郑樗。无用师考虑到此卷可能被人"巧取豪夺"，因而在画完成之前就请作者"先书无用本号"，明确归属。因此，作者在画卷的最尾端自题跋文说："至正七年，仆归富春山居，无用师偕往，暇日于南楼，援笔写成此卷。兴之所至，不觉亹亹。布置如许，逐旋填劄，阅三四载，未得完备，盖因留在山中，而云游在外故尔。今特取回行李中，早晚得暇，当为着笔。无用过虑，有巧取豪夺者，俾先识卷末，庶使知其成就之难也。十年青龙在庚

寅歡节前一日，大痴学人书于云间夏氏知止堂。”

尽管有了无用师要求的“先识卷末”，慎防有“强取豪夺”者，但这幅《富春山居图》长卷最终还是流落民间，几经易手，辗转到了江南大收藏家吴洪裕的手中。吴氏视之为珍宝，爱不释手，连吃饭的时候也手不离卷，简直到了人画一体的地步。

清顺治七年（1650），江南宜兴吴府，卧病在床的吴洪裕病危，气如游丝的他死死盯着枕头边的宝匣，家人明白了，老爷临死前还念念不忘那幅心爱的山水画。家人取出画，展开在他面前，过了半晌他才吃力地吐出一个字：“烧。”说完，就慢慢闭上了眼睛。也许是因为太珍爱此卷了，所以才嘱托家人将它付之一炬用来殉葬。就在宝画即将被付之一炬的危急时刻，吴洪裕的侄子从人群里猛地蹿出，把画从火中抢救了出来。为了掩人耳目，他又往火中投入了另外一幅画，偷梁换柱。此时的《富春山居图》虽然被救下来了，却在中间烧出几个连珠洞，断为一大一小两段，此画起首一段已被烧去，所幸存者，也是火痕斑斑了。从此，稀世珍宝《富春山居图》便一分为二。

顺治九年（1652），吴家子孙吴寄谷得到此画后，将此损卷烧焦部分细心揭下，重新接拼后，几乎看不出是经剪裁后拼接而成的。于是，人们就把这一部分称作《富春山居图·剩山图》。而保留了原画主体内容的另外一段，在装裱时为掩盖火烧痕迹，特意将原本位于画尾的董其昌题跋切割下来放在画首，这便是后来乾隆帝得到并收藏的《富春山居图·无用师卷》。

而那幅让黄公望略感遗憾又念念不忘的《子明卷》，于乾隆十年（1745）冬，被征入清宫，乾隆将此图视为“无上神品”，定名为《黄公望富春山居图》，题签于外封。

乾隆对《子明卷》的钟爱，不亚于吴洪裕对《富春山居图》的痴念。他时常把《子明卷》带在身边，题跋五十五处，几乎成了他的日记本。巡游在外，只要看见好山好水，他就想到《子明卷》，晚上趁闲打开来写上一段；看到臣下为他搜罗到名家字画，他也想起《子明卷》，题上一段。久而久之，一幅好好的《子明卷》画作，竟布满了乾隆的御笔文字和印戳。最后，这位好大喜功的“十全老人”实在不好意思下手了，也实在无处可写了才罢手，便在画作边缘题写了一句：“以后展玩亦不复题识矣。”

# 三、画合人圆寄民心

“那幅真的画，现在就在杭州富阳的富春江的岸上，这幅画我不知道看了多少遍。每次下乡（富阳），我住在宾馆里，居高临下看，以前的景色就是一幅画，美极了。所以，我欢迎宝岛的朋友们，你们能早日到那，真的看看那幅画，我在那里恭候你们的到来。”2011年6月1日，《富春山居图》的《剩山图》和《无用师卷》在台北故宫博物院合璧，并向世人展示。在展览现场，时任浙江省委书记的赵洪祝，代表《富春山居图》故乡人民，向台湾同胞发出邀请。

这一合璧，顿时在整个华人世界引起轰动。这象征着浙台两地的交流与合作，翻开了崭新的历史篇章。从第二年开始，富阳就形成了推动海峡两岸交流合作的独特品牌——“公望富春文化周”。在每年名画合璧纪念日前后的一周时间里，富台两地开展多种形式的互访交流活动，诠释两岸以画为媒、交流融合的美好愿景。

进入新时代，现实版的“富春山居图”富阳，也以崭新的姿态向全世界发出了邀请。

一幅山水画长卷的苦难历程，映照了 600 多年的民族危亡和时世动荡。

1933 年，为避日军战火浩劫，《富春山居图·无用师卷》随故宫重要文物南迁。经过了十多年的颠沛流离，到 1949 年国民党败退台湾，《富春山居图·无用师卷》最终收藏于台北故宫博物院。而《富春山居图·剩山图》也几经流沛后，于 1956 年归藏浙江省博物馆，成为该馆的“镇馆之宝”。

多难的经历，离奇的变故，也成就了《富春山居图》独特的历史文化印记，深深烙印在所有盼望祖国和平统一的中华儿女的心头。“画合人圆”成为海峡两岸民众的心灵契约。

黄公望隐居地

因为“公望”，因为《富春山居图》，富阳和台湾之间，有了一条紧密相连的文化纽带，使得富阳成为新时期对台工作的独特符号。

2011 年，富阳投入巨资建成了黄公望风情小镇，周边有黄公望国家森林公园相拱卫，隐居地有小洞天、南楼、黄公望纪念馆等仿古建筑，可供游人访古探幽、修心悟道。山下村庄掩映，民风淳朴，民宿和农家乐鳞次栉比，特色餐饮闻名遐迩，外来游客络绎不绝。

庙山坞黄公望隐居地也已成为中国山水画爱好者的朝圣之地，此地书画艺风盛行，走入寻常百姓家，随处可见名家手笔，书香氤氲。

2013 年，富阳因是黄公望隐居地，而被中央台办和国务院台办命名为杭州地区唯一的国家级海峡两岸交流基地，每年接待大批台湾书画家和台胞游客，是全省对台交流的示范点。

依托平台铸品牌，深耕厚植结硕果。十多年来，富阳区一方面坚持“内创示范、外树品牌，科学规划、有效投入，广泛交流、打造平台”的思路，积极创建海峡两岸交流示范基地，完善品牌形象；另一方面千方百计促融合，想方设法搞活动，全面提升海峡两岸交流基地这一金名片的知名度、美誉度和影响力，为服务中央对台工作大局和地方经济社会发展提供强劲助力。

富阳和台湾因画结缘，也因画连心。

为进一步增进两岸同胞文化认同和心灵契合，富阳在已经举办的十多个“文化周”活动中，还别开生面地举办了两届海峡两岸书画家作品联展，吸引了上百位台湾和大陆的著名书画家参与，同时开展了“富春江雅集”，联手共绘“新富春山居图”，在富春江畔留下了人文美谈，在两岸民众间产生了积极而深远的影响。

两岸书画展活动的举办，不仅深化了两岸文化交流，而且进一步增进了两岸文化艺术界人士的往来沟通，融洽了彼此间的兄弟亲情，更为两岸架起了共同祈愿“画合人圆”的心灵桥梁。台湾书画家罗永贵、陈维德、李沃源等与大陆书画家周京生、赵雨龙、墨涛等因书画展而相识，并通过富春江雅集而建立起了深厚友谊。富春江两岸清丽的自然山水以及黄公望隐居地的古朴清幽，像一泓清泉，流淌在两岸书画家的心田。

至今，已有200余位岛内书画家到过富阳，游历、写生，访古探幽，流连忘返。

台湾金门书画家吴宗陵、杨诚国、徐心富等自2013年参加首届书画联展后，醉心于富春山水，特意于2016年就读杭州中国美术学院为期一年的中国画山水花鸟高研班，把大量的课余时间交付给了对富春江两岸物貌风情的临摹。

罗永贵先生自1999年参加“缘合富春山居图”活动以来，已10次到访富阳。他深爱着这方天赐的山水，把魂牵梦系的富阳当作自己的第二故乡。他不但积极参与第二届海峡两岸书画家作品联展，而且带回去许多的写生素材，精心绘制好画作后，回赠给富阳有关部门，作为对第二故乡的文化反哺。2018年6月，罗永贵个人书画展在富阳新落成的“国际范”美术馆——黄公望美术馆开展。

2013年5月富阳和南投市结成姊妹城市以来，富阳始终以和

谐为两岸交流纽带，倾力创建“亲如一家，一年 365 天永不落幕”的民间交流平台，打造独具特色的两岸交流活动品牌。两地从政府到民众间的相互交流、沟通日益频繁，情感不断升温。如今，富阳 33 个村（社）和南投市 33 个里（社）实现了基层结亲、交流全覆盖。

每年，富阳区各结对村（社）都会不定期邀请南投民众来富参访、交流，基本实现了几年间当地每一户至少有一个人来过富阳。

在富阳，南投市基层参访人员受各结对单位的邀请，深入村（社）、户头，听介绍，拉家常，不仅和各村（社）干部交流基层管理经验，还实地调查民情。当美丽的富春山水自然风光和秀美的村庄庭院风貌，以及荡漾在每一位富春儿女脸上的那份从容自信的笑意，进入眼帘的时候，参访团成员无不露出惊讶甚至震撼的表情。富阳区经济社会发展的现状、城市和市民文明水平深深地印在了他们的心灵深处。尽管来去匆匆，但台胞发自肺腑的那种留恋、向往之情溢于言表。

——有一次在洞桥镇文村，参访团参观了建筑艺术特色小镇项目——民宿经济样板，南投市光荣里里长陈武强就美丽乡村建设和民宿经济发展进行了热烈的讨论。南投市内新里开办旅行社和民宿的黄美女士，在参观时一直不停地用手机拍照。她钦羡地说，到了富阳才知道竟有这么优美的乡村环境和民宿条件！她表示回去后要和家人商量，把她家的民宿“分店”开到富阳来。

——在里山乡安顶村，欢庆的锣鼓、排舞迎接远道而来的南投亲人。参访团不由自主加入了舞蹈行列，一段声乐过后，意犹未尽的南投客人还为富阳的山乡村民加演了一段“压箱底”的获奖舞蹈。两地民众沉浸在欢乐祥和的大联欢中，情不自禁拥抱在一起。

——在场口镇一户村民家中，应邀赴宴的几位南投市民为富阳农家淳朴的家风和好客的热情所感染。他们放松心神，吃着农家菜，喝着农家自酿的米酒，说着掏心窝的体己话，频频举杯，一醉方休。临别，台胞依依惜别，和村民互加了微信，说真不想就此分别，以后有机会还要再来，也要动员其他的市民来好好体验和和美美的富阳农家生活，能做一辈子富阳人该多好啊！

——徜徉在洁净的城市干道和乡村小路上，南投市公所清洁队队长黄正宽惊讶地说：“富阳的每一处美丽的绿化和小品都有人维护，道路有人保洁，有管理，有秩序，实在是太了不起了！”

——曾率南投市民间交流团来富参访的南投市里长联谊会会长、福兴里里长莫仁国，在回台前紧紧握住前来送行的富阳区台办主任洪文明的手，激动不已地说：“三天时间虽然短暂，但是我们真正和富阳人民打成了一片，手与手相牵，心与心相连。富阳是祖国大陆发展的一个缩影，富阳给我们的印象，就是祖国大陆给我们的印象，富阳给我们的自信，就是中华民族伟大复兴进程给我们中华儿女的共同自信！”他说，由于几位里长和一些参访团员政治立场不同，他一直担心会出什么状况。然而，三天的行程中，他发现那些原本戴着“有色眼镜”的人，却早已情真意切地融入了两岸同胞亲如一家的氛围之中，“他们在富阳接受了深刻的教育，甚至感受到了强烈的心灵震撼！”最后，莫里长用手指指自己的脑袋，说：

“这一次，我们真的是满载而归——不仅收到了热情的富阳人民赠送的许许多多礼品，更在头脑中带回去了对祖国大陆的全新认识！”

青少年是祖国的前途，民族的未来。

每年的6月1日，是《富春山居图》合璧纪念日。

特殊的日子，特别的纪念。每到这一天，台湾青少年代表都会应邀来到富阳参加“公望富春文化周”系列活动。

“六一”前后，正好是中国传统节日端午节。两岸青少年在这样美好的日子里，不仅可以互访互学交流思想，还能共同感悟祖国传统民俗文化的博大精深，可谓一举多得。

海峡两岸青少年交流活动内容丰富且精彩：到山区学校一起包粽子、做香袋，感受两岸共同的传统文化节日端午的浓浓氛围；共跳竹马舞，体会最具特色的山乡文化；共赏石头画，感受孩子们对实现梦想的渴望；参与“我在富春山居有个家”结亲活动，共绘当下孩童版“富春山居图”……在富春大地上，来自台湾的青少年目睹了已被“台独”政治势力在教科书上删去了的祖国的大好河山，亲身感受到祖国优秀传统文化的洗礼，在欢声笑语中增进了两岸学生的深厚情谊，延续了两岸一脉相承的民族亲情。

年复一年，两岸青少年走亲活动日益深入。其间，两岸莘莘学子同台表演才艺、同书中华汉字、同诵国学经典、同场体育竞技、同耕开心农场、同绘“富春山居新图”，共同畅想中华民族伟大复兴的中国梦，为促进两岸和平统一发出时代最强音。

这些年来，富阳区有多所中小学与台湾南投、苗栗等县市的中小学建立起了结对走亲机制。除了每年“公望富春文化周”期间富阳区邀请台湾青少年来富参加活动外，各结对学校之间还不定期开展互访互学。

一方面，富台两地十分注重促进教育的交流合作。2013年7月，富阳区春江中心小学与台湾苗栗县尖山小学举行了结对仪式，两校正式结成姊妹学校。时隔不到一年，2014年的6月5日至6月10日，春江中心小学的师生们到台湾苗栗县尖山小学开展了访学活动。此次访学的主题是“和谐、融洽、真诚、深入”，不仅增进了两地青少年的友谊，也为两地开展更广泛、更深层次的交流互访搭建了平台。

另一方面，不断加强两岸青少年间的沟通交流。通过举办海峡两岸青少年共绘“富春山居新图”、两岸青少年足球赛、台湾青少年体验富春山居图夏令营等一系列活动，增进了两岸青少年对同根文化的认同。尤其是以球会友，让两岸青少年的缘根深种，2013年海峡两岸青少年足球邀请赛暨台湾青少年体验富春山居夏令营活动，还是杭州市台办的重点对台交流项目之一。

一年一届的两岸青少年走亲活动，不但开启了两岸青少年思想文化交流的大门，更让两岸血浓于水的血脉亲情融进了每一个孩子幼小的心灵。2018年6月初的两岸青少年走亲活动结束前夕，富阳区台办主任洪文明代表富阳活动举办方，为台湾的来访师生饯行。他问了孩子们一个问题：有谁愿意明年还来富阳参加活动？一时间，餐桌上所有的小朋友都高高举起了手。

“公望富春文化周”活动，铺展了一幅包容、共享、和谐、团结的美好图景。在打造共同富裕的“现代版富春山居图”的壮丽进程中，海峡两岸交流基地正起到重要窗口作用。

# 四、画中实景天下无

每当晨曦初露，天光徘徊，或徜徉于满目葱茏的江滨公园，伸一伸僵硬的筋骨，吸一口润肺的清香，在绿地间奔腾跳跃，欢撒年少轻狂，心生野趣；或静坐庭院一方古树荫下，拥一盏绿茗品读经典书籍，听头顶数声好鸟相鸣，穿上儒服雅行，不亦乐乎？

至若夜幕降临，华灯初上，或登临悠悠千古的华东文化名山——鹳山，一览尽收皓月渔歌，于晚风中轻扬思绪，物我两忘；或泛舟夜游富春江，融身于烟波浩渺的“春江花月夜”盛景，聆听江流万古潮音，一任幽澜沁抚心脾，优哉游哉！

家住严陵滩，门对富春山。诗酒酹江月，书画酬峰岚。

这就是富阳，一幅充满了生机活力的“现代版富春山居图”。

走进富春山居，就能让人切身感受到“诗和远方”的雅致情趣和高洁品位。

富春江是富阳人民的母亲河，更是流动在富春“画境”中不可

替代的灵气之魂。

2014年，中共浙江省委宣传部和浙江省作家协会联合举办了全省105个水系的“百水赋”征文活动，富阳本土作者裘一琳第一次将《富春江赋》展示在世人面前。

富春江赋

壮哉春江，源远流长！西肇皖涧，东汇钱塘；百里沧浪，衔贯三江。峡谷宽流，四季浩荡；造化钟灵，独绝东方。青山隐隐，碧水泱泱；两岸繁密，市镇铺张。黄金水道，百舸笛扬；风光旖旎，游人盛旺。迎源头碧水，醉美浙水中躯；积江渚沙洲，沃灌桐庐富阳！富春江畔，鱼米之乡；天堂胜景，目悦心赏！

厚哉春江，人文馨香！高士隐庐，吴帝故乡；富春山居，画冠公望。子陵不仕，蔑公侯狂奴故态；客星披裘，逸林泉山高水长。权祖种瓜，崛王洲金戈铁马；仲谋挥师，鼎三国百世流芳。墨客羁旅，诗词赋唱；豪儒润笔，一江文章！古往今来，留两千余篇传世佳作，成就浙西诗路；山水合璧，圆六百多年水墨长卷，慰藉台海离伤。郁华达夫，春江儿郎；琴心剑胆，风骨清亮！青峰笔峙，如列巍甲无惧东倭西鞯；鹳山稽首，犹迎双烈魂归血冢亭廊。一川毓秀，灵脉偾张；才俊辈出，珠玑琳琅！

美哉春江，世人共仰！稻熟渔丰，物阜民祥；百姓生衍，无穷给养。江中鲥奇，山顶茗香；四时殷实，百代行商。开放先行，经济创强；产业兴域，大气磅礴！地灵人杰，赞桐庐手工纤笔，全球共享；物华天宝，叹富阳竹纸元书，驰誉殿堂。水陆通衢，区位显彰；新城繁华，明珠缀江。三江整饬，两岸新象；五水共治，东流清漾！

美丽春江，堪当赋唱；是为礼赞，歌以颂倡：

子陵当年垂钓纶，千古江滩属严君。

子久痴心更无俦，椽笔丹青写富春。

秦山晋水孕帝郡，如画如诗迎面熏。

最是潇洒舫上客，渔歌一曲酒一樽。

进入新时代，山居富阳依托丰盈的自然山水资源和深厚的历史人文积淀，统筹推进美丽城乡、美丽人文、美丽经济“三美”建设，打造产业兴、景更美、人和谐的“现代版富春山居图”上的美丽城乡新样本。“味道山乡”“百花大会”“富春江江鲜大会”以及24个乡镇（街道）打造二十四节气农事庆典品牌等文化旅游项目层出不穷，东梓关、龙鳞坝等“网红”村（点）、精品线路、民宿“农家乐”等如雨后春笋般涌现，全域景区化快速推进，富阳正成为越来越多域外游客心驰神往的打卡目的地。

富春山居图景，因为不可复制，故而天地恒昌。

尤其是随着“百里富春山居图”和“五十里春江花月夜”盛景的次第呈现，富阳区域内正形成越来越多的富春山居实景IP，既各具特色、独立成景，又互为辉映、串珠成链，成为富春山水“画境”上的一颗颗璀璨明珠，全方位展示一个可近、可进、可亲，宜居、宜游、宜业的最美“中国山居原乡”唯美图景。

富春江

1. 鹳山乡愁

一峰独峙，临江处有石矶，似鹳，迎江而立，故名。

华东文化名山鹳山，承载了世世代代富阳人的情感和记忆，是富阳人的心灵所系。

“匆匆临别更登楼，打叠行装打叠愁。”在旧中国晦涩多难的年代，青年郁达夫在即将赴日到东京帝国大学留学之际，写下了登临鹳山“春江第一楼”时的复杂心情。从此，故乡的山山水水、一草一木，成了这位长衫少年的行囊中，一份再也挥之不去的乡愁。

鹳山不高，有石阶蜿蜒，道旁古木参天，尤多樟树，斗折蛇行，步步成景。

“只为江天英雄气，此山无仙亦自名。”

鹳山上人文古迹众多。新中国成立后，山上还建起了纪念郁曼陀、郁达夫兄弟双烈士的双烈亭。山高水长英雄气，浩然长存于天地之间，为鹳山平添了一份阳刚和血性。

山下临江，有严子陵垂钓处遗迹和“春江八景”之一的“龟川秋月”，美丽的传说记载于典籍，耐人咀嚼。西边还有一处大学士坊石牌和彪炳清代“父尚书子宰相”——富阳人董邦达、董诰的董公祠。

鹳山公园早已还景于民，节假日市民和游客人流如织。徜徉在古色古香的江畔回廊，品一品传统与现代交融的人文况味，便可领略富阳乡愁文化的深厚基因。

2. 新沙农旅

新沙岛，犹如一片绿叶，漂荡在“水皆缥碧”的富春江中。从空中俯瞰新沙岛全貌，那夺人心魄的盎然绿意和清秀祥和的水乡风情，令人醉心不已。

新沙岛是富春江江心的一座冲积小岛，面积 4.12 平方千米。岛上林桑成荫，金沙铺地，环境幽静，气候宜人，有浓厚的江南水乡气息，是国家级风景名胜区“两江一湖”风景区的重要组成部分，也是浙西黄金旅游线上的第一站。

自 20 世纪 80 年代始，渐渐富裕起来的新沙岛“岛民”，就立足岛上独特的江渚沙洲旖旎风光，以及深厚的传统农耕文化积淀，率先向上海、南京、杭州等都市人群营销淳朴的乡村旅游产品。

时任国务院副总理的谷牧在视察了新沙岛原生态旅游项目后，欣然命笔题词“农家乐，旅游者也乐”，从此，中国第一个乡村旅游品牌“农家乐”，便在富阳新沙岛诞生。

经过多年的开发建设，新沙岛休闲旅游项目层出不穷，有荷塘、玫瑰园、四季果蔬、农家餐饮、水上运动等等，一派现代田园生态图景，俨然一座中国乡村农旅的博物馆。

3. 安顶问茶

富阳区茶叶生产已有 2000 多年历史。

一碗安顶茶汤，可让人尝出千年的沧桑韵味。

茶圣陆羽曾在《茶经》中这样总结道：“其水，用山水上、江水中、井水下。”无独有偶，里山镇安顶山的“云之泉”，就有“活、甘、

清、轻”的特点，还无污染，最适宜冲泡安顶云雾茶，是最佳拍档。1926 年《浙江之特产》记载：“明时茶为进贡之品，声誉最隆……今富阳茶色、香、味不亚于龙井茶……”

据光绪《富阳县志》载，“出高山、荒山者佳……杭州之特产而良者曰富阳茶”；另据 1993 年版《富阳县志》载，安顶云雾茶又称岩顶茗毫，为浙江五大名茶之一，明初被列为朝廷贡品。它和富春江鲥鱼齐名。

人间四月天，光阴深处觅茶香。在海拔 500—800 米的里山镇安顶村，始是新茶上市时。

安顶云雾茶泡开了，散发的不仅有香气，还有千百年来的文化底蕴。

安顶问茶，聆听这样的安顶茶语，相信茶韵也能醉人。

安顶山依江耸立，气象万千，本身就是一个歇心佳处。古道边、半山腰、山顶上，都是依山而建的农家庭院，有的门口挂上了“茶”的旗子，更有许多民宿和农家乐，俨然富阳版的梅家坞。

4. 江湾锦绣

富春江自东向西顺流而下，从鹿山到鹳山，突然在北面江岸画了一条大大的弧线，像一个巨人伸出了长长的臂弯，一下子将岸线推远，形成了一个长达 5 千米的江湾——富春湾。

江面兀自开阔，江水变得舒缓，像巨人从晨雾中醒来，伸个懒腰，神清气爽。

春江一曲抱城流。

江湾十里，锦绣富春。这一片正是富阳的主城区所在地。2200多年的旧城址，沧海桑田，尽在这柔柔的一湾中。

江城很古老，她承载着深厚的历史人文积淀——“春江八景”中的“苋浦归帆”“恩波夜雨”“吉祥晓钟”“龟川秋月”等景点，像一颗颗璀璨的明珠，镶嵌在江湾的周围；江城也很现代，大路朝天，高楼林立——经过几轮旧城改造、城市有机更新、老旧小区提升，城市的现代化气息扑面而来，市民获得感、舒适感、幸福感与日俱增。

近年来，达夫路精品街区、江湾一线精品江景等工程相继完成，溯江延绵，与东吴文化公园相衔接，可供市民和游客栖息、亲水、玩赏、穿行，一个传统与现代交相辉映的大都市新型城区，不断焕发出蓬勃生机。

5. 龙门走读

中国乡村多“龙门”之名。富阳区龙门镇，因东汉名士严子陵游览龙门山时称赞“此地山清水秀，胜似吕梁龙门”，因而得名。

龙门古镇是三国吴大帝孙权后裔最大的聚居地，全镇现有7000多人，90%以上是孙权后裔。革命烈士孙晓梅的弟弟、著名学者何满子（原名孙承勋）曾为家乡题词“来这里，读懂中国”，并作了如下注解：“此地为吴大帝子孙千年繁衍之地，积淀了中华民族丰厚的历史文化，仔细省察，可读懂中国。”

龙门镇已有千年历史，是现今江南地区明清古建筑群保存最为完整的山水田园古镇之一。近年来，龙门古镇先后获得国家4A级

旅游景区、全国环境优美乡镇、中国历史文化名镇等称号，并被列入浙江省旅游风情小镇培育名单。

龙门镇因其人口集中居住，生活秩序井然而被誉为“江南古镇活化石”。

行走在一条条古朴幽静的深巷和一座座保存完好的明清建筑群之间，令人仿佛置身“时光隧道”。家国传承，宗族瓜瓞，个中况味，唯有用心品读，方能知来明往。

如今的龙门古镇，休闲旅游势头旺健，一年四季游客不断，每逢节假日更是车水马龙，正可谓“龙腾虎跃，门庭若市”。

6. 东梓江鲜

富春江之美，除了山水兼备、轻灵翔动，更在于鳜鱼之肥，鲈鱼之美。

西下严陵滩，东流第一关。

“烟开四壁山宜画，江近双扉水可渔”的场口镇东梓关村，占尽了近水楼台的天时地利。这里之所以江鲜文化惊艳八方，是因为东梓关村依富春江而立，富春江以丰富的江鲜资源，为当地居民奉上了无穷美味。一年四季，江中白鲈鱼、刀鱼、鲥鱼、鳊鱼、鲢鱼、河虾、黄鳝、铁壳秤砣蟹等层出不穷，赖其水质优良，故而鱼品鲜美无比。

清代诗人许正衡是东梓关人，他在《富春杂咏》一诗中写道：“晚风隔水起渔歌，拨刺银鳞出碧波。首夏鲥鱼新上市，酒楼月下醉人多。”可见人们对东梓关江鲜的推崇和留恋，是有深厚历史渊源的。

2018 年 9 月 30 日至 10 月 7 日，富阳区委、区政府在东梓关村举办了首届富春江江鲜大会，以江鲜为媒，全面展示富阳区乡村振兴的发展成果。其间，共吸引参观游客和参会群众达 37 万余人次，中央和省、市主流媒体以及网络媒体共刊发报道 2500 余条次，吸引网络点击量 3000 余万次、评论 4 万余条次，有力打造了富阳乡村振兴的展示窗口。

2019 年 7 月 1 日，富春江首次休渔后的首届“开渔节”，在东梓关村举行，为金秋时节的第二届富春江江鲜大会打好伏笔，并打响了“开渔节后，天天都是江鲜节”的文旅品牌，营造起“生态休渔，年年有余”的良好社会氛围。

“未能抛得富春去，一半勾留是江鲜。”不到东梓关村，就难以领悟古人对富春江江鲜的那份依依不舍和心驰神往的心境。

7. 桐洲烟雨

富春江自桐庐而下，至富阳境内，第一个江中岛屿就是桐洲岛。

桐洲岛又称大桐洲，位于富阳区新桐乡境内，总面积 4 平方千米，江岸线长约 8 千米，传说因黄帝时期的药圣桐君老人在洲上种草药而得名，是富春江上最古老的江渚之一。桐洲岛碧水环绕，青山倒映，岛头绿树成荫，沿岸杨柳连绵，洲内保留着原生态的田园风光，是人们回归大自然不可多得的好去处。

一年一度“春天的约会”农事节庆活动，让桐洲岛持续保持着休闲观光的热度。春雨中的桐洲岛，烟云升腾，虚无缥缈间显露出一丝绿色，仿佛镶嵌在富春江中的一颗绿宝石。桐洲岛也因此有了

“烟雨桐洲”之美誉。

“十里桐洲九里花，一江春水两岸柳”是桐洲岛浪漫春天的真实写照。“春风又绿江南岸”，漫步岛上，满眼的油菜花和远处静谧的江水、隐约的远山形成强烈对比，透露出大自然的盎然生机。

近年中，桐洲岛发展起了皮划艇、动力伞、乡间骑行等“水、陆、空”三位一体的运动休闲项目，吸引域内外游客慕名而来，被谑称为“大巴车集散中心”。

8. 壶源溪山

壶源溪（壶源江）是钱塘江的一级支流，发源于浦江县西部高塘岭的壶山，流经桐庐、诸暨，从湖源乡石龙村流入富阳，全长103千米，在富阳境内有39千米，自南向北流经湖源乡、常安镇、场口镇，汇入富春江。

一溪贯群山，溪水清澈，生态优异。溪流穿行在峡谷之中，两边青山苍翠、奇峰林立、怪石嶙峋、藤蔓交错、植被茂盛、气势雄伟。春天山花烂漫，夏日绿意葱茏，秋天层林尽染，冬季银装素裹，一年四季风景如画，美不胜收。

壶源溪流域人文资源丰富，底蕴深厚。其下游的场口镇因历史上商事繁盛，素有“小上海”之称；王洲岛是吴大帝孙权故里，三国文化故事人们耳熟能详，传遍天下。上游的湖源乡沿溪的“十八渡”、元书纸、红色文化、古刹宗祠等人文资源璀璨。中段的常安镇，富春李氏文化源远流长，是南宋“公清之相”李宗勉的故里，境内永安山滑翔伞训练基地名冠亚洲。

一水碧流的壶源溪，将沿线的人文遗存、溪道滩涂、田园坡地、岸线山林、交通道路、滨水绿道、民居村落等等元素，荟萃于群山深处，因其不可复制，故而天地恒昌。

当前，富阳区委、区政府正致力于推进壶源溪流域的统筹发展，坚持生态优先、绿色发展的理念，以复兴人文历史、统筹区域联动、打造亮点品牌、融合产业发展为宗旨，紧扣最美公路、最美绿道、最美溪流、最美绿廊、最美人文五大建设内容，开展壶源溪全域综合保护提升，力争把壶源溪流域打造成为乡村振兴新亮点、拥江发展新平台、“三美”建设新样板。

未来正来，只争朝夕。壶源溪山胜景，必将成为富阳“实景山居图”中的“山水人文典范”。

“等闲识得网红面，身心相随不思归。”许多人来到了富阳就说，这里的山山水水，正是他所梦寐以求而又似曾相识的，没有哪一座城市能像富阳一样让人感觉到现实和梦想之间是那么贴近，那么有归宿感！

# 五、现代共富新画卷

富阳，一个由山水和人文构建而成的诗意家园，一幅由坚韧和智慧绘就的壮美画图。

春江潮涌，一日千里。站在实现中华民族伟大复兴的重要历史关口，富春儿女正满怀豪情，坚定不移推进产业新动能、城市新轴线、发展新环境立起来，推动共同富裕先行先试，一幅高水平建设、高质量发展的现代版富春山居图正在富春大地上徐徐展开……

再现山居图（穿越情景剧）

人物：

黄公望（古装），无用师（古装），樵夫（现代），渔夫（现代），村民老人、青年、孩子三代人（现代）。

情景：

背景呈现延绵的富春山，一川如画的富春江。突然，一道闪电划过长空，雷电轰鸣。短暂的天昏地暗后，舞台灯光亮起，人物出现。

黄公望、无用师一前一后走进舞台。

黄（扶杖伫立，回头对着无用师）：无用师弟，这一走恐怕该有两万五千里了吧？咱们这是到哪儿了？

无：大痴道兄，歇会吧，歇会吧——哟，这里怎么这么眼熟？这山……这水……这不是当年你隐居过的富春山居吗？

黄：嗯嗯嗯，正是，正是！正所谓人生何处不相逢，辗转又入山居图啊！有缘，有缘啊！哈哈哈……

无：哈哈哈……

无：那我们是不是再找一个清静之所，好好将息将息？

黄：有理、有理。那走吧，咱们就踏看踏看。

穿越情景剧《再现山居图》剧照

山中，黄、无二人在行走时遇到一位在林中看书的年轻樵夫。无用师上前行礼，樵夫抱拳回礼。

樵（惊讶不已）：两位老先生从哪里来？怎么穿成这个模样？是在拍电影吗？

黄（疑惑地面向无用师）：电影？

无：我们是方外之人，云游至此，敢问先生怎么称呼？这里又是什么地方？

樵：哦，原来是两位道家大师，失敬失敬。这里是600多年前黄公望隐居的地方，现在叫黄公望村。我们家世世代代居住在这里，祖上以砍柴为业。后来黄公望老先生画了一幅《富春山居图》，连带我们这里也名扬四海了。如今我们的生活条件改善了，不再砍柴，山林得到了很好的保护，这不，这里已经是国家级的黄公望森林公园啦。

黄公望与无用师四目相对，会意地点头，微笑。

无用师对着黄公望眨眨眼，显出揶揄的神情。

无（轻声）：师兄，我们见过这位小哥的爷爷的爷爷的爷爷……哈哈哈。

黄（回应无用师）：哈哈哈，正是，正是啊。

黄（面向年轻樵夫）：这位小哥，你们现在以何为生啊？日子怎么个好过法？

樵：哎呀，老人家，那可说来话长了。我只记得爷爷说，我们世代居住在这个村里，靠山吃山，早期当然以伐薪烧炭为业，才能混个一家温饱。后来，后来的后来，您看，改革开放了！

黄、无（一脸疑惑）：改朝换代了？

樵：不，改革开放了！

黄、无（还是一脸懵懂，无以应答）：改——革——开放？

樵：对啊，改革开放了，我们农村生活一天比一天好过。而且，我们这里借了黄公望隐居地的东风，建起了风情小镇，知名度也一天比一天高。现在我们通过互联网，把我们的茶叶、柿子以及文化旅游产品推销出去，只要在手机上点一点，就可以和外面的市场做生意，您说日子是不是一天比一天好过啊？

黄、无（依然疑惑）：互联网是个什么东西？还有手机是？

樵夫拿出手机，给两位老者演示。两位老者饶有兴趣地盯着，捋须仰天哈哈大笑。

接着，一位刚刚钓鱼回来的青年走上舞台，好奇地走到三人面前（边自言自语"哎呀，今天的收获真不错"，边打量着手中的鱼篓。大步上前。活泼、潇洒）。

无（和黄公望对视，再指向渔者）：哟，这位小哥想必就是昔日的渔夫吧？

渔（竖起大拇指）：老人家，好眼力啊！我这个人啊，没什么别的爱好，业余时间就喜爱在富春江边钓钓鱼。现在的富春江，水质一年比一年好了，钓上来的鱼味道很鲜美。（背景呈现富春江鱼市等）你们看，我今天钓来的鱼……（三人一起凑上前去，看着、赞着）要不，待会儿去我家尝尝我的手艺？

众人赞同：好好好，有口福喽……

这时，当地居民一家三口来到大家中间，相互问好。

孩子（拉着黄公望）：老爷爷，你们从哪里来啊？

黄（蹲下身子搂着孩子）：爷爷从一个远古的时代而来，我们那个时代，和你们相差了600多年。呵呵呵……

孩子：是吗？爷爷给我讲故事，讲故事！

黄（捋须）：哈哈哈，好好好……

老：黄老先生，您好啊！几百年过去了，您故地重游，还像以前那样到我家歇脚喝茶去吧？

黄（与老丈四手相持）：哈哈哈，好好好，走吧，走吧！

无：大痴道兄，上次的那幅画，都怪我没有收藏好，流入了民间，最终被火烧成了两残段，还被分藏两地，实在令人痛心啊！如今绿水青山依旧在，富春山居更胜前，这一次有劳师兄，一定再给我画一幅完完整整的富春山居图啊！

黄：碧水青山迎面瞟，笔墨丹青安敢停！只可惜老朽再也禁不起跋山涉水，有心而无力啊……（摇头叹息）

青：黄老先生，这个您不要怕，现代科技发达，我帮您用无人机拍下富春山水的全景，放到电脑上，您喜欢怎么看都可以，足不出户就可以画出现代版的富春山居图来！

大家一致拍手称好。

黄（转向无用师）：无用师弟，听说后人写过这样的诗句，“今日已无黄子久，谁人再画富春山”。我看要改一改，“喜看江城多才俊，神韵再赋富春山”啊！人生得绿水青山相伴，夫复何求！就让我把余生托付给这一方天赐山水吧。无用师弟，笔墨伺候。哈哈哈……

众人抚掌大笑。

背景呈现：新富春山居图缓缓铺开……

第三章

# 京都状元富阳纸

——骆炳浩

北宋天圣年间，富阳凤凰山麓发生了一件轰动一时的事情。

道士朱去非在妙庭观内挖到了一只上盖铜盘、下托琉璃盆的丹鼎，鼎里居然还有传说王母娘娘的侍女董双成当年吃剩下的“百花丹”。

后来，此事传到了杭州通判苏东坡的耳朵里。董双成是历代文人热情吟咏的仙女，在她学道的故宅惊现她的遗物，那实在是太有意思了。

于是，苏东坡就快马加鞭，兴致勃勃地直奔富阳县西北十五里的临湖村。只可惜等他赶到的时候，只看到了一只空鼎。

无奈之下，苏东坡向观里借了纸笔，怀着遗憾的心情，写下了一生所作约 3000 首诗词中标题较长的《富阳妙庭观董双成故宅，发地得丹鼎，覆以铜盘，承以琉璃盆，盆既破碎，丹亦为人争夺持去，今独盘鼎在耳，二首》：

（一）

人去山空鹤不归，丹亡鼎在世徒悲。

可怜九转功成后，却把飞升乞内芝。

（二）

琉璃击碎走金丹，无复神光发旧坛。

时有世人来舐鼎，欲随鸡犬事刘安。

岁月不居，时节如流。未承想 900 多年过去了，凤凰山麓又发生了一件十分轰动的事情。

因为 320 国道的改建，泗洲宋代造纸作坊遗址得以重见天日。有人猜测，妙庭观当年画符、书写用纸，也产自此。

这处迄今中国发现的年代最早、规模最大、工艺遗存保存最完整的造纸遗址，是杭州乃至中国造纸文明史上相当重要的一笔文化遗产，亦是富阳宋韵文化组成部分中极其重要的一块基石。

# 一、京都状元富阳纸　十件元书考进士

一张纸，录尽岁月风华。

造纸术，是中国古代四大发明之一。

从民国《浙江之纸业》记载来看，论纸必论富阳纸。富阳是闻名遐迩的造纸之乡，历史可以远溯魏晋，在嵊州一带出现“嵊藤纸”、余杭造出“由拳纸”之时，富阳就以桑皮、藤皮、楮皮为原料生产皮纸了。

相传，东晋葛洪在葛溪畔的峭山炼丹时，发明用石灰腌制浆法和黄檗汁染纸。据此，民间认为“叨授葛仙遗教”，富阳造纸在起步阶段就有名师传授。

“莫惊反掌字，当取葛洪规。”这是唐代诗人李峤的咏纸诗，意思是不要惊异有些纸张正反面都有字，那正是像葛洪这般勤奋的人写下的，这也应该成为我们学习的榜样啊！

作为皮纸主要原料之一的桑枝，数富阳又多又好。唐代方干《登新城县楼赠蔡明府》有句“但见川原桑柘稠”，北宋苏东坡《新城道中二首》亦有吟“试向桑田问耦耕”。清光绪《富阳县志》载：“（杭州）府志云有女桑、山桑出富阳者佳，余县接种者亦名富阳桑。”“每有新涨沙地，皆种桑树。”

“竹笺”一词，最早见于唐代李肇《唐国史补》。而“竹纸”一词，最早见于南宋赵希鹄《洞天清录》：“若二王真迹，多是会稽竖纹竹纸。盖东晋南渡后难得北纸，又右军父子多在会稽故也。”

从造纸原理的角度来看，皮纸选用的茎皮类原料纤维多而木质素少，而竹子的纤维较少且木质素比例较高。造纸工艺最主要的目的就是脱除木质素和分散纤维，所以麻类、藤类等韧皮类原料更易于造纸，竹子则需要更加复杂、精细的加工工艺才能达到满意的纸之品质。

“嫩竹可造纸。”早在两晋南北朝时，富阳就开始以嫩竹为原料生产竹纸了。不过，制作出来的纸品质量非常一般，“随手便裂，不复粘也”。但竹纸一旦出现，其经济上的优越性就马上显示出来，再经改善，很快就取代了麻纸和藤纸。

浙江是唐代纸的主产地之一，唐代也是浙江造纸发展的第一个高峰时期。根据《元和郡县图志》《新唐书·地理志》《通典》等史料记载，唐代全国生产贡纸者共 11 州（郡），其中浙江就占了杭、越、婺、衢四州。富阳所产的上细黄白状纸，为纸中精品。

唐垂拱三年（687），孙过庭在富阳竹纸上写下约 3700 字的皇皇大论《书谱》。书中阐述的书理，见解极为精辟，其书法亦精妙绝

伦，正如宋高宗所云："《书谱》匪特文词华美，且草法兼备。"

至宋，富阳竹纸手工制作技艺有了长足发展，生产的元书纸、井纸、赤亭纸以"制作精良、品质精粹、光滑不蠹、洁白莹润"而被誉为"纸中上品"。

有关富阳造纸现存的最重要早期文献，见于南宋潜说友撰《咸淳临安志》卷五十八《物产·货之品》中："纸，岁贡藤纸。按旧志云：余杭由拳村出藤纸，省札用之；富阳有小井纸；赤亭山有赤亭纸。"又南宋吴自牧撰《梦粱录》卷十八载："纸，余杭由拳村出藤纸，富阳有小井纸，赤亭山有赤亭纸。"

所涉地名"小井""赤亭山"，分别为今富春街道宵井村、东洲街道鸡笼山（一说大源镇亭山）。

抄纸

南宋遗老周密在《癸辛杂识》所记："淳熙末，（官府文书）始用竹纸，高数寸，阔尺余者。"其实，在北宋真宗时期，富阳元书纸已成为朝廷锦夹奏章和科举试卷的上品用纸。

不过，这位出生在富阳的吴兴（今湖州）人在本书中收录一条目："凡撩纸，必用黄蜀葵梗叶新捣，方可以撩，无则占粘不可以揭。如无黄葵，则用杨桃藤、槿叶、野葡萄皆可，但取其不粘也。"这段文字是关于"纸药"配方最早的文献记载。

古谚有云："京都状元富阳纸，十件元书考进士。"其字面意思是指举子使用富阳所产元书纸备考从而金榜题名，同时反映出富阳所造竹纸在宋代科举、教育领域举足轻重的地位。

元书纸的名称由来，据传有两个说法——

一说：宋室南渡，临安（今杭州）成为当时的政治、经济和文化中心，学子研读、刻印书籍之风兴盛，对纸张的需求量猛增。富阳作为畿县，历史上又以产纸闻名，于是饬令时任富阳知县李扶督造印书纸。李扶的家乡建州松溪（今属福建）也产竹纸，因而他雇来建州纸农，与富阳纸农几经试制。因当时的富阳竹纸脆软疏松、纸面毛茸，不堪印书，但可供国子监生起草文书和练习书法之用，故称其为"元书纸"。"元"有开始的意思，"元书"有文章、书法草稿之意。后通过对抄造工艺不断改良，富阳纸农终于造出了纸中上品，成为可供印书用的纸张。

另据民间传说：宋朝有一位大臣叫谢富春（民间虚构人物），有次在行文中用富阳赤亭纸写奏章，皇帝见奏章字迹清楚，纸质洁

白，叩弹有音，闻有清香，便召谢臣，问其故。谢奏曰：“此乃富阳赤亭文书，用竹浆而造。”经皇帝亲试，赤亭纸落笔粗细自如，不渗不破，书写畅如游龙，纸质优于当时朝廷通用的“棉藤纸”。皇帝当即传旨谢臣，此纸可作朝廷御用文书。因皇帝在“元祭”（每年三个祭日，分别是：上元即正月十五，中元即七月十五，下元即十月十五）时专用此纸书写祭文，故称“元书纸”。这实际上是将赤亭纸改了一个名称而已。

宋孝宗乾道年间，富阳主簿杨简依托本地兴盛的造纸及印刷业，兴学养士，文风益振。陆九渊途经富阳，杨简留之，夜集鹳山双明阁，陆九渊指示心学。《宋史》卷四百七写道：“会陆九渊道过富阳，问答有所契，遂定师弟子之礼。”

清康熙《富阳县志》明确记载，明朝时富阳“抄造纸”为贡纸。

清代大学士董邦达一生与富阳竹纸相伴，很多书画作品都是在元书纸上完成的。入仕前，因家境贫寒，他流寓在壶源溪一带教书度日。要说湖源山里有什么特产，那就是竹纸。即使在今天，湖源乡仍然是重要的元书纸原产地。面对善学乐教的小先生，朴实无华的农民别的东西可能拿不出手，元书纸管够啊！

董邦达和董源、董其昌并称为中国书画史上的“三董”。在这些元书纸拥趸者的影响下，富阳纸成为文房四宝中的宠儿。据说，乾隆年间编纂《四库全书》，钦点董邦达之子董诰任《四库全书》副总裁，所用的纸张大都产自富阳。

记得 2012 年 11 月，场口镇老山坞凌氏宗族捐献了一批民间契约、官府颁发的税凭，其用纸均为本地元书纸，时间跨度从清乾隆四年（1739）至宣统年间。契约上字迹清晰，印章鲜红，纸色不变，不见虫蛀，足见富阳元书纸的品质。

草纸（又称毛纸、坑边纸），为富阳土纸的“后起之秀”。明建文年间，宵井村农民运用竹浆造纸原理，开始用稻草作原料，生产出草纸。此后，草纸生产传遍富阳、新登的产粮区。

每年，农民在忙完小麦、水稻生产后，就腌麦秸秆、稻草做纸，这成为产粮区的主要副业。草纸中的坑边纸，曾长期为人们日常生活中的必需品，素为富阳之大宗土特产。

明末清初，造纸业经过短期衰落后，于“康乾盛世”期间迅速恢复，富阳土纸生产也步入兴旺阶段。

刻立于清乾隆五十七年（1792）十月、现存于富春山馆的《常安镇奉宪禁碑》，是目前发现的杭州地区反映清代纸业的唯一碑录。该碑除千余字的碑文外，还附刻了一把一尺八寸长的凹槽，这是为取信于造纸槽户和买纸客户的裁纸行业标准。

富阳坑边纸，纸面黄亮，厚薄均匀，富有弹性，手感柔软，吸水性特强。

富阳民间流传着“董诰献毛纸”的故事。一日，乾隆帝赐宴。席间，一大臣油汤溅桌，久拂不净，急得汗流满面。这时坐在皇帝旁边的董诰站起来，从袖内取出一张毛纸，只轻轻一抹，就把油迹揩净。乾隆大为惊喜，问董诰：“此为何物？”董诰答：“这是家乡用稻草做的坑边纸。”乾隆赞叹不已，从此富阳坑边纸声名大振。

清光绪《富阳县志》记载：“邑人率造纸为业，老幼勤作，昼夜不休。”各地槽户名纸竞出，纸业产销兴旺，“富阳竹纸一项每年约可博六七十万金，草纸一项约可博三四十万金”。

清末民初，主打“秉和记”品牌的灵桥槽主李秉和，造纸作坊发展至三县（富阳、余杭、临安）、四地（月台、大根里、居仁里、风笑岭）共104处长槽，生产、销售一条龙，时誉李秉和为“浙江槽王”。

同一时期，杨梅山村有一位名叫陆光浩的农民，生产高档草纸，称作定样草纸（一说靛样草纸），具有落水不化、字迹不褪的优点。

生产定样草纸的要求极高。首先在选料上，稻秆必须洁白。通常选用种在山垄田里或沿溪边田的洋尖稻草。施肥亦有讲究，如施用猪牛栏的肥一定要先发酵腐熟，否则绝对不用。最好是当年仅施石灰的稻草，不用在收割前倒伏的稻草。当稻谷长到八九成熟时就要割倒，第二天便成垛堆好。堆过半月，要掉头翻身。再过半月后，要摊开晒2—3天。然后用石灰腌草，腌草过程中要翻料3—4次，通常每周1次。料熟了，使唤两头体大力壮的水牛踏料，每批料要踏2天。接着是洗料，陆光浩家用的是专门的洗料塘，置于自家稻田内。上有清澈的山溪水流注，料塘水流向稻田做肥料。据说，这种田的稻秆特别白。

抄纸时，在槽的左边放一把眉毛钳，右边放一枚缝纫针，以便随时剔除留在帘纸上的秆节、谷壳之类的污物，使得做出来的纸张洁白无瑕。

草皮晒场上晒纸，要抢露水，这也是关键的一着。这样晒好的纸特别平整、洁白、漂亮。其要求是：第一天早晨晒到中午收起，因下午的太阳太猛，易使纸张发皱或焦边；第二天上午继续晒半天。撕草纸手势要轻，用力要匀，以免撕破变形，撕好的草纸要整齐叠放。

陆光浩的定样草纸品牌为“顺洪记”，由富阳街上的义泰纸行收购。

定样草纸在日本常作海上航运记账之用，被称为“漂洋过海必用之纸”。在国内，定样草纸为当时的妇女或戏子在化妆、卸妆时擦脸之用。因其具有较强的吸收油脂能力，且手感柔软，不仅不会伤脸面，而且感觉很舒服，当是一种高级擦油用品。

“富阳一张纸，行销十八省。”民国初年至民国二十五年（1936），富阳纸业达到鼎盛期。此时全县有 1/5 的人口从事纸业生产，土纸产量占全国土纸总产量的 25%，产值约占全省手工造纸总额的 44%。

由于民国时期及以前的官府没有统一管理手工纸生产经营与产品流通的机构，纸农、纸商为了维护自身的利益，纸业行会和纸业公会便应运而生。

纸业行会，以造纸的槽户为主，按地域为界，自愿联合组成。如清同治九年（1870）五月，富阳江北地区的槽户，以每村为单位推荐一名行董，在观前村长福寺召开行董会议。会上讨论制定以维护当地槽户造纸生产经营和自治、自理、自我制约为主要内容的行会《公议禁单》。这是富阳迄今较少见的清代纸业行会章程。

纸业公会，则以纸商为主，按地域为界，自愿联合组成。民国二十年（1931）三月十三日，富阳县草纸同业公会成立，入会商店18家，集有公会基金42500元（银圆）。随后，新登县纸业公会成立，集有公会基金1200元（银圆）。民国二十二年（1933）二月，富阳壶源长边纸同业公会成立（公会石匾现存富阳元书纸文化展示馆）。民国二十六年（1937）三月十五日，富阳造纸同业公会成立，有会员484名。同年，上官造纸同业公会成立。民国三十六年（1947）三月十五日，竹料纸的富阳造纸同业公会成立。

同业公会制定“同行规约”，律有会员“权利”和“义务”。如凡新开同业店铺须远离老店左右前后各十间门面方可营业；销售价格必须遵守同行议价，如商店要炒盘（减价），必须事先提出削价幅度、削价时间，经同业公会审查同意才能公告炒盘，否则以违章处理，轻则罚款，重者同行业联合起来炒盘，以最低价格把你逼倒灶；会员遇到天灾人祸确有生活困难，同行也会伸手相援。各纸商公会集会场所，大都选在各业祖师庙，定期聚会，春秋拜祭祖师。

据民国《浙江之纸业》记载，民国十九年（1930），富阳县有槽户10069户，拥有纸槽10864具，土纸产量1181623担，产值8667912元（银圆），占全省土纸产值的41.57%，名列省内各县之首；新登县（今属富阳）有槽户926户，拥有纸槽926具，土纸产量44891担，产值276307元（银圆），产值名列全省各县第十六位。

那时，富阳土纸除风行国内市场外，还出口到东南亚地区。《中华》《生活星期刊》《美术生活》等民国时期主流报刊对富阳纸颇多关注。刊登的文章有：《浙江富阳的毛纸制造法》（1935 年）、《富阳的草纸业——中国土产工业的一种》（1936 年）、《浙江纸业兴衰的一个实例——富阳纸业之今昔》（1937 年）、《春假农村调查实习记——富阳纸与高桥茶》（1937 年）、《传授富阳草纸制作法简章》（1941 年）等。

抗日战争爆发，由于交通阻隔，海口封锁，日军骚扰，运销困难，富阳的纸业生产一度陷入衰败境地。1939 年 10 月，日军流窜到当时富阳土纸运销出入要口新义杜墓，烧毁了价值 600 多万元的富阳土纸，这相当于富阳全年土纸产值的 70%。富阳沦陷后，纸槽遭到严重破坏，仅县城附近就被日寇烧毁 84 家。

新中国成立后，在党和政府的正确领导下，富阳土纸生产日渐复兴。全县 51 个乡镇有 44 个生产土纸；50 多万农业人口中，从事土纸生产的约 4 万人，以做纸收入作为主要经济来源的有 10 余万人。1950 年下半年成立富阳、新登、大源、场口四个土纸交易市场，次年中国土产公司余杭支公司在富阳设立土纸收购站（办事处）。

20 世纪 60 年代，富阳提出“原料、设备、品种三大革命”的口号，挖潜革新，煮料、打浆、烘干等主要工序基本实现半机械化或机械化操作。尤其是改革开放后，富阳土纸在继承传统工艺、恢复名特优传统产品的同时，又在改进工艺设备、调整原料结构、开发新产品诸方面取得了卓著成效。

1964—1965 年，外交部向富阳县特订超级元书纸 200 件，由

湖源公社新三大队的后潘坞、山毛坞纸槽生产。1988 年，富阳土纸产量达到 74421 吨，比 1949 年增长 6.04 倍。

20 世纪 70 年代末开发生产的富阳书画纸，为传统造纸业注入了新的生机。至 2003 年底，富阳生产书画纸厂家发展到近 20 家 100 多厂槽，有生纸、熟纸、半熟纸和加工纸四大类近 20 个品种。富春江宣纸厂生产的“画心纸”曾获得全国林业名特优新产品博览会银奖。

“印经须得贝多纸，选翰无如华宝斋。”华宝斋研发的仿乾隆磁青蜡纸（库磁青）等产品，被古籍整理出版规划小组认定为古籍印刷专用纸，华宝斋也入选 4 家中华再造善本工程定点影印单位之一，并在中央文化企业国有资产监督管理领导小组办公室立项支持下，与浙江人民出版社合作，历时 8 年影印出版“中华善本百部经典再造”丛书。

纸间有生活，纸上见人生。富阳纸乡千百年来的生产生活，孕育了独特的民俗文化。纸农在上山斫青竹前，要祭拜山神。在槽厂、煏弄，纸农们一边舂料、抄纸、晒纸，一边说笑话、讲戏文、唱小调，长年累月产生了许多纸乡独特的民间文学内容和形式。如反映爱情故事的长篇叙事民歌《朱三与刘二姐》（2007 年被列入浙江省非遗名录），就是富阳纸农在做纸时所传唱的。

每年春节前停槽日，考究的槽户必剪好一批红纸元宝或是红纸条，将所有造纸工具乃至暂时停用的家什物件统统粘贴上红纸，以示“对辛苦之尊重”，并保其不被玷污损坏。来年用之，择日启封，亦拜祭一番，考究的人家还放些爆竹，也有的在红纸上写“新春开笔，万事大吉”等贴于门窗等显眼处，宣告新一年的开始。泗洲宋代造纸作坊遗址出土的龙泉窑鬲式青瓷炉，表明此地曾经举行过焚香祭祀活动。

纸乡多能工巧妇，不但能以纸折成镴箔、元宝等，供祭祀或贺岁之用，还能用纸剪成诸如“喜鹊报春”“年年有鱼”“观音送子”“钟馗降妖”“鲤鱼跳龙门”等各种栩栩如生的人物、动物讨彩头，糊贴窗户，装饰门面，祈求吉祥，又美化居室。

继绝存真，传本扬学。华宝斋创始人蒋放年被誉为“富春江畔活蔡伦”，1993 年磁青绢面的《弘一大师手写金刚经》在第五届世界印刷代表大会上获“印刷精品奖”，1990 年为北京亚运会印制礼品书《中国脸谱大全》，1999 年澳门回归之际出版《明清澳门问题皇宫珍档》，2001 年影印的《富春山居图》长卷获“大世界吉尼斯之最”奖……

1998 年 10 月 26 日，中国古代造纸印刷文化村在江滨东大道对外开放，展示中国古代四大发明中的两项：造纸术与印刷术。多位党和国家领导人先后来此视察调研。

## 二、亦知价重连城璧　一纸万金尤不惜

东晋王羲之《题卫夫人笔阵图后》曰："夫纸者，阵也；笔者，刀稍也；墨者，鍪甲也；水砚者，城池也；心意者，将军也。"用纸如用阵，古人用纸是真当讲究。

笺纸，起源于南北朝，唐代以降便是文房清供，历来与诗文唱和、书札往来紧密相关。史上以个人名义传下的笺纸只有两种，一种是唐代的薛涛笺，另一种是北宋的谢公笺。

元代费著的《笺纸谱》称："纸以人得名者，有谢公，有薛涛。所谓谢公者，谢司封景初师厚。师厚创笺样，以便书尺，俗因以为名。"

明代陈耀文《天中记》同样记载："纸以人得名者，有谢公，有薛涛。所云谢公者，富春谢司封景初创笺样，以便尺书，因以为名。"

"谢公笺"的发明者，正是富阳先贤谢景初（1020—1084），字师厚，号今是翁。7 岁能文，其父祖谢涛夸之“此儿必大吾门”，12 岁惊欧阳修、梅尧臣、钱惟演，叹为“奇童”。

谢景初为宋庆历六年（1046）进士，授大理评事。知余姚县，筑海塘以捍海潮，禁豪强侵湖为田，严盐政之课，尤以办学蜚声吴越。任海州通判，废祠三百余所。累官至湖北转运判官，益州路提点刑狱。因上疏反对青田、免役等法，受劾免官，以屯田郎致仕。

谢景初特爱家乡的元书纸，还喜欢“深加工”元书纸。宋熙宁年间，谢景初创制十色笺，后来就被称为“谢公笺”。

《笺纸谱》记薛涛笺“特深红一色尔”，相比较，谢公笺则样式丰富：“谢公有十色笺：深红、粉红、杏红、明黄、深青、浅青、深绿、浅绿、铜绿、浅云，即十色也。”

简单一纸通过原料的改变，漂染出如此斑斓色彩，为彼时宋代文坛增添了一抹浪漫情丝，从侧面佐证了为何有学者会盛赞宋代为中国历史上的“文艺复兴”时代。由于其纸质平滑，适合书写，谢公笺曾作为朝廷文书和文人名流书札往来用纸而享誉海内，恰应《乞彩笺歌》所记：“也知价重连城璧，一纸万金犹不惜。”

富阳文化学者王小丁说，千百年来，富阳竹纸与历代名人雅士有着千丝万缕的关联，其中最具代表性的便是富阳谢氏家族及其姻亲、幕僚的士大夫圈子。

谢景初的高祖父谢懿文、曾祖父谢崇礼、祖父谢涛、父亲谢绛均归葬富阳。葬的这个地方，村名就叫作“谢墓”，一直叫到今天。有了谢墓，富阳历史开启了著名的谢家“一门三代六进士五诗人”

时代。

宋初，谢涛通过科举入仕，成为谢氏家族兴盛的关键人物。谢涛本人对竹纸有着深厚的认识，有“百年奇特几张纸，千古英雄一窖尘”的诗句。

谢氏家族自谢涛起，因家风乐文善字，族中三代均擅结交文人雅士，所招女婿也多为登科进士。让我们一起看看谢涛、谢绛、谢炎、谢景初、谢景温、谢景平六位进士在北宋政坛文坛最豪华版的圈子——皇帝圈：宋太宗赵炅亲自召见谢涛垂询治国之策，宋真宗赵恒召谢涛奏对长春殿，宋仁宗赵祯纳谢绛的《论事疏》；女婿圈：周盘、梅尧臣、傅莹、杨士彦、王安礼、黄庭坚；朋友圈：范仲淹、欧阳修、钱惟演、王安石、苏东坡、米芾、苏舜钦；等等。

与谢家文学往来最多、学术交流最深的，要属谢涛之婿梅尧臣。梅尧臣被誉为“宋诗开山始祖”，与谢绛、欧阳修、范仲淹、王安石等人关系密切。梅尧臣《得王介甫常州书》中“斜封一幅竹膜纸，上有文字十七行”的描述，可窥竹纸在宋代士人名流圈的应用实属主流。

欧阳修是谢绛的学生、谢景初的连襟，曾赠御用精品“澄心堂”纸于谢景初的姑父梅尧臣，对纸的运用颇有心得。欧阳修在《归田录》中曾提及“小方纸”“糊黏纸”，据专家推测，当属竹纸。

谢绛之婿王安礼系王安石胞弟，谢、王两家素来交好，自结为姻亲，两个家族的关系更为亲近，对文学、书画乃至政见的交流愈发深刻。王安石世称王荆公，其不仅爱好用竹纸写作，还别出心裁地以越州竹纸自制成小幅竹笺，用以写诗及信件。此种竹笺被称为“荆公笺”，曾风靡一时，引得各路人士纷纷效仿，在当时的文人墨客中颇形成了一股风潮。

“宋四家”之一、“苏门四学士”之一的黄庭坚也是“富阳女婿”，这位颇具浪漫主义情怀的诗人便是谢景初之婿，二人既为翁婿又是诗友。黄庭坚与竹纸更是有一种“看不见、摸不着”的情结。黄庭坚醉心香氛之道，其香方还被收录于宋人陈敬的《陈氏香谱》，由于其曾担任国史编修官，故其调制的意和香、意可香、深静香、小宗香四种香被后世称为“黄太史四香”。

根据史料所载，黄庭坚制香之法，其中最重要的步骤便是将腌渍火煮后的香料用上品竹纸包裹，将其浸泡在龙井茶汤之中。沉檀浓香、清甜茶汤，辅以竹纸清香，香感立体，一如现代香水所讲的前调、中调、后调。如若选用的竹纸质量稍有瑕疵，香味便大打折扣。黄庭坚后被贬至黔州时，由于缺乏质量上乘的竹纸，因此所制之香再无从前韵味。薄似轻鸿的一张竹纸，承载着黄庭坚厚重的人生寄托。

或许黄庭坚之喜用竹纸，除了受谢景初影响外，苏东坡的示范也起到了作用。苏东坡《和人求笔迹》一诗中记载：“麦光铺几净无瑕，入夜青灯照眼花。”其中“麦光”便是竹纸的雅称。而诗的后两句“从此剡藤真可吊，半纡春蚓绾秋蛇”，则惋惜字迹如蚓蛇般绵软无力，浪费了好纸。

同样身为“宋四家”之一的米芾，虽与谢家无直接姻亲关系，

但据考其“长沙掾”“官长沙”“佐文宝于潭”的叙述以及《续资治通鉴长编》《米芾集》等资料便不难发现，米芾曾辅佐宝文阁直学士谢景温，为其幕僚。米芾醉心书法之道，生平书帖无数，其墨海生涯所历经的“长沙习气”和“入魏晋平淡”，都离不开谢氏家族尤其是谢景温的影响和指点。

米芾对纸张质量的要求，更是达到了堪称苛刻的程度。据其《评纸帖》记载：“越陶竹万杵，在油拳上，紧薄可爱。余年五十，始作此纸，谓之金版也。”其《书史》又云：“余尝硾越竹，光滑如金版。”米芾于 50 岁时开始用越州所制竹纸行文作画，对用纸要求极高，这无疑是对当时越纸（竹纸）的高度评价与认可。现存于故宫博物院的米芾晚年行书《珊瑚帖》即以浅黄色竹纸所书，帖文“又收景温问礼图”中的“景温”即富阳小隐书室主人谢景温。

小隐书屋

说到小隐书室，南宋《咸淳临安志》是这样记载的：“小隐山，在县之北一里三十步，为县治主山。阳夏公谢绛迁居于此。子景初、景温筑书室于山之半，今故基双松尚存。”

小隐山在富阳城北一里许，是富阳城的靠山。山之东侧崖下，就是富春江。

谢绛对自家的书室亦有题诗：“仆本尘外士，功名若毫末。因寻小园隐，忽见群芳发。昔梦宛可记，灵契方兹达。会须挂朝缨，归弄岩前月。”

谢绛的好友范仲淹，景祐元年（1034）四月赴睦州上任，途经富阳时，特意造访小隐山书室，留下了诗篇《留题小隐山书室》：“小径小桃深，红光隐翠阴。是非不到耳，名利本无心。笋迸饶当户，云归半在林。何须听丝竹，山水有清音。”

小隐山已然成了富阳文化人心目中的“圣山”。无数位饱学之士，慕名踏上小隐山的石径，用一种仰视的姿态去看山上的每一块石头、每一棵树，努力去捕捉风中也许还残存着的千年前的读书声。

2020年1月18日，24小时智慧城市书房“小隐书屋”在达夫路正式开馆，那里经常有读书沙龙，昔日小隐山书室的文化雅集活动得到了延续。

# 三、凤凰山麓碓声远　千年遗址宋韵传

2008年3月，320国道受降至场口段改建（环线外移）工程开工。

时任该工程指挥部常务副总指挥的何富军，嘱咐沿线施工人员：“一旦发现坟墓、瓷片等不寻常的东西，必须及时上报。”

7月的一天，在凤凰山北麓，施工人员在距离地面半米左右的土层中挖出了不少碎瓷片。得知消息的何富军立即赶往施工现场，除了瓷片，他还看到了几个土坑。当时何富军心里有一种预感：会不会是什么古代遗址？拿捏不准的他，立即与富阳市[①]文物馆联系。

此时，富阳市第三次全国文物普查工作正在有序开展，320国道改建工程沿线是此次普查的重点区域之一。

当年9月，杭州市文物考古所和富阳市文物馆组成的联合工作队，开始探查泗洲村东部区域。据当地村民反映，这块田很奇怪，

① 2014年12月，国务院批复同意撤销县级富阳市，设立杭州市富阳区。

铁制的犁头经常被地下不明物体弄坏。种上水稻灌满水，一夜之间，田里就会莫名地干涸。

根据这些线索，工作队认为，这一区域存在历史遗址的可能性非常大。此外，工作队在规划道路东南侧翻出的土中，发现了大量瓷片，还伴有石块、砖块、瓦砾等。在对沟壁进行简单清理后，工作队发现了石砌遗迹。基于这些发现，工作队初步认定这里存在一处古代聚落遗址。

经国家文物局批准，2008 年 9 月至 2009 年 3 月，杭州市文物

泗洲造纸作坊遗址

考古所与富阳市文物馆组成联合考古工作队，对沉睡千年的遗址进行抢救性发掘。

第一阶段从2008年9月至2008年11月，发掘面积约704平方米，该阶段初步认定了遗址的性质。发掘工作采用布探方的形式进行，探明遗迹中有房址、水池、水井和排水沟等特征，结合遗址中的排水沟、水池和半截埋在土中的陶缸，让人猜想该遗址极有可能是一处造纸遗址。考古人员将遗址现场的布局，与明代《天工开物》中记载的造纸工艺一一比较，又走访了当地的造纸作坊，发现相似度很高。经严密论证，考古人员排除了该遗址为酿酒、染布和做豆腐皮作坊的可能性，认定该遗址确是一处造纸遗址。2008年11月，国家文物局、浙江省文物考古研究所、中国造纸学会纸史委员会相关专家经现场考察及相关实物、史料佐证，正式将遗址定名为“富阳泗洲宋代造纸遗址”，并就遗址的后续发掘及保护工作制订严谨周密的计划。

第二阶段从2008年11月至2009年3月，总发掘面积约1808.5平方米。发掘工作采用布探方与布探沟相结合的形式进行，所有发掘都只清理到南宋层。该阶段最为重要的发现便是在水池遗迹中提取到炭化竹片和炭灰物质等，这不仅进一步验证这是一处造纸遗址，还显示这是一处造竹纸的遗址。土样中检测出的竹纤维以及竹子的植物硅酸体，更是为这一发现提供了有力的科学佐证。

该遗址的发掘无疑为中国考古研究增添了浓墨重彩的一笔，经考古专家与相关文史学者评估，可用五个“最”来概括：

——迄今为止国内乃至世界范围内所发现的时代最早的造纸遗址。北京大学中国考古学研究中心学术委员会委员苏荣誉提出："从出土文物看，它的年代比较早，现在保留的工作面是南宋层，南宋层下面还有很厚的文化堆积层，遗址时代到北宋可能没有问题。"遗址中刻有"至道二年"和"大中祥符二年"的纪年铭文砖，反映出泗洲作为南宋中晚期遗址并非一蹴而就，极有可能在北宋时期便作为造纸作坊而存在，对于纸史研究及宋韵文化的挖掘有极为重大的历史意义和学术价值。

——现存考古发掘规模最大的造纸遗址。遗址前两期总发掘面积约 2512.5 平方米，总体分布面积大于 16000 平方米，包括造纸作坊区与生活区两部分。现已出土遗物 3 万余件，其中除了与造纸息息相关的各类石质构件等遗物外，还有许多造型精美的器物，如建窑黑釉盏、景德镇窑影青瓷碗、龙泉窑瓷香炉、定窑镶银白瓷碗等，与南宋临安城高等级遗址内出土的同类器物具有一定可比性，且精美程度毫不逊色。据泗洲遗址考古专家研究分析，遗址内目前考古发现，至少存在三条互相关联的造纸生产线，各遗迹单位布局清晰、分工明确，已达到规模化生产能力，是现存规模最大的古代造纸遗址。

——目前工艺流程最全的造纸遗址。古谚语有云"片纸非容易，措手七十二"，古时造纸需要大小七十二道工序方可完成。专家在研究报告中分析，泗洲造纸遗址内发现的沤料池、漂洗池、石磨盘、抄纸槽、火墙等相关遗迹，足可揭示当时造纸工艺流程非常完善齐全。

——迄今为止规制等级最高的造纸遗址。根据宋代李焘《续资治通鉴长编》所记“诏降宣纸式下杭州，岁造五万番。自今公移常用纸，长短广狭，毋得用宣纸相乱”，可获知当时朝廷对官署之间文函往来所用之纸作了规制，同时下诏命杭州增加造纸产量。宋代陈均《九朝编年备要》亦有“（蔡）京以竹纸批出十余人”“事毕出京所书竹纸”的记载。结合遗址内出土文物底部发现的“司库”等字样，推断泗洲造纸遗址极有可能就是当时杭州地区最大的官营造纸作坊，所制之纸以供官方使用，足见其规制等级之高。

——活态传承最悠久的造纸遗址。从富阳竹纸业发展现状来看，目前有湖源新二村、新三村，大源大同村、骆村，灵桥蔡家坞村，以及华宝斋仍在持续生产手工竹纸，并传承古籍印刷技艺。富春大地上一位位能工巧匠传承的，不仅仅是手工竹纸与古籍印刷技术，更是前人所留下的宝贵精神财富。

泗洲村在老底子的时候又叫水竹村，“风雨连山松竹鸣”“古观临溪翠竹遮”，这些诗句描写的就是凤凰山妙庭观一带的环境。

《富阳县林业志》载：“坑西苦竹……县内有坑西、新义、受降、三溪、南新、永昌等 20 多个乡（镇）分布苦竹……1967 年调查，坑西、新义两乡有苦竹林 3200 多亩。”表明历史上在富阳境内，尤其是泗洲村周边的苦竹甚多。

两宋时期印制书籍选用的竹纸，其重要原料，除毛竹外，苦竹也是一种，尤其是目前保存状况较好的宋版书的原料多用苦竹。据南宋施宿撰《嘉泰会稽志》卷十七载，竹纸“惟工书者独喜之：滑，一也；发墨色，二也；宜笔锋，三也；卷舒虽久，墨终不渝，四也；性不蠹，五也”。此处“性不蠹”显然符合苦竹纸的特征。其原料含有特殊物质，味苦寒，基本没有病虫害，因此用苦竹制成的纸类制品具有色泽鲜艳、不易被虫蛀和生霉菌的特点。

泗洲宋代造纸作坊遗址地处凤凰山至白洋溪之间的第一级台地上，背山面水，近山易得造纸的材料（嫩竹）和煮料、焙纸的燃料（柴火），傍水则方便沤料、煮料、翻滩、抄纸用水。在遗址现场也发现了一座五代时期的小型墓葬。

与江西高安明代造纸作坊遗址相比，泗洲宋代造纸遗址把我国有据可查的造纸作坊的历史往前推进了300多年。然而，这么大的一个造纸作坊，却伴随着南宋的灭亡也渐渐湮灭了。

在遗址中发现了一层红烧瓦砾堆积，似乎说明在宋末元初的时候，这里曾遭遇了一场火灾，作坊毁于一旦。

竹纸的出现标志着造纸史上一个革命性开端。中国科学院科技史专家潘吉星用“科技国宝”四字来评价重见天日的泗洲遗址：“从世界角度看，富阳造纸作坊在生产的时候，当时的欧洲还处于无纸时代。这么大的作坊，世界罕有。”

泗洲宋代造纸作坊遗址的考古发掘为两宋时期中国竹纸的起源、传播和发展以及造纸业发展状况提供了最重要的实证。“以德寿宫为代表的一系列宋代遗存，大多集中在人文历史政治风貌的领域，而泗洲遗址的独特价值，恰恰在于它是宋代工业技术的典型代表。”苏荣誉教授说，宋代纸的产量与用量都非常之大，并留下了

宋版书、宋画等珍贵的文物。“在整个中国历史里，宋朝在科技领域的成就达到了高峰。可以说，工业气息是宋韵的另一种表达方式。”

富阳从建设“富裕阳光之城”、打造“运动休闲之城”、建设“山水文化名市”、打造“中国造纸之乡”的高度，研究落实遗址保护工作，实施320国道第一合同段西移，改线范围4.65千米，其中路线中线最大移值56.5米，标高和路基也有所降低，增加造价3210万元。

2009年4月，泗洲宋代造纸遗址被公布为第七批富阳市市级文物保护单位。同年6月，富阳市高桥泗洲造纸遗址保护管理所成立。2010年6月8日至7月6日，考古人员对遗址进行覆土回填。

2011年1月，该遗址被浙江省人民政府公布为第六批浙江省省级文物保护单位；2013年3月，又被国务院公布为第七批全国重点文物保护单位，也是目前富阳唯一一处国家级重点文物保护单位。

2013年12月，富阳市文广新局正式启动泗洲宋代造纸遗址保护一期工程。2017年1月，投资2000余万元的泗洲宋代造纸遗址一期工程竣工，新建地上建筑面积2962平方米，分为遗址保护大棚与必要的辅助设施两部分。

2017年，国家文物局审核通过泗洲造纸作坊遗址本体保护与展示项目。

2019年8月，浙江省文物局审核通过泗洲造纸作坊遗址保护二期项目方案设计。

2021年8月，浙江将打造宋韵文化传世工程提上日程。继德寿宫之后，这片能印证宋代工业技术兴盛的造纸作坊遗址，迎来了最好的时代契机。

2022 年 9 月，富阳区社科研究成果《深化泗洲造纸作坊遗址保护与活化利用，打造宋韵文化标志性工程的对策建议》被《浙江社科要报》（第 131 期）刊用，并获得省市主要领导的批示肯定。

2022 年 12 月，泗洲宋代造纸遗址入选“宋韵杭州”十大遗迹。

当下，富阳正积极推进全省宋韵文化保护和传承体系的重要子项——泗洲中国古代造纸遗址综保复兴项目，建设内容包括遗址露明保护展示棚、中国造纸博物馆、中国绘画大系特藏馆、原乡风貌展示区、农耕文化体验区等，计划 2025 年建成，打造成可感知、可体验、可传承的宋韵文化新地标。

除了已发掘遗址的露明展示区，遗址公园内还将通过地面模拟和数字化复原等方式，呈现出宋代泗洲造纸完整的古法工艺。“类似于目前西安兵马俑的展示方式，发掘与参观实时进行互不相扰，游客可以很直观地看到我们的保护工作。”富阳区文旅部门相关人员介绍。

不止于此。“博物馆里将建设一个纸基因库。”负责遗址公园设计的浙江省古建筑设计研究院有限公司设计师孟超透露，“每一种纸，根据不同时节选用的材料、添加的配料，呈现出的色泽以及质地纹理都是不一样的。”

富阳希望通过对这些纸的统一编码及鉴定，以数字化和实物相结合的方式归集成“纸 DNA 库”，为今后的书画修复、文物鉴定等工作提供有效的学术支撑和实物支撑。

# 四、片纸非容易 措手七十二

一张纸，能够轻易打开关于文化和传承的所有想象。

“国家文明之进退，殆视用纸之多少，世界愈文明，用纸之数愈多。”在手工时代，所有的中国纸都能在富阳找到自己的影子。当下，富阳仍是全国三大手工造纸中心之一。

原料从桑皮、藤皮开始，到苦竹、嫩毛竹，再到稻草、麦秸秆等，皮纸、竹纸、草纸形成庞大的产品矩阵：进贡内廷作为书写纸张，敕令借此将帝王意志传播到海内；士子通过对典籍的研读来撰写治国之策，由此跻身于庙堂，成为庞大官僚体系的一部分；宏伟的佛寺用黄金卷入乌金纸内，千万次捶打之后，成为造像辉煌的外衣；信徒用红点将经文封印入黄烧纸中，烈火焚化，弥散的青烟成为给先人的供养。

此外，富阳纸也是百姓生活中的必需品，年节上用草纸包裹的礼品，被视为最高级的心意；而叠放于茅坑边的草纸，谁又能离得了呢？从崇高到污秽、从精神到肉身，富阳纸似乎管理着人的一切。

历史上，富阳纸名品迭出。除了南宋《咸淳临安志》《梦粱录》记载的小井纸、赤亭纸之外，还有大源上盘坞“富春史尧臣”纸、下盘坞“史久华”纸、“王大圣”纸、“杨连生”纸、“李平山”纸，湖源“大竹元”纸、“黄栗元”纸，潘家坞“超级元书纸”，上官“金丝坞”纸，礼源“姜芹波忠记”昌山纸，常绿“里黄弹京放纸”等。

民国时期，可谓是富阳纸的“高光时刻”：民国四年（1915），礼源“姜芹波忠记”昌山纸获农商部嘉奖，被列为最高特货，另在巴拿马万国商品博览会上，富阳的昌山纸、京放纸获得二等奖；民国十五年（1926），在北京举办的国货展览会上，富阳的京放纸和昌山纸分获二、三等奖牌；民国十八年（1929），在首届西湖博览会上，富阳油纸、乌金纸、元书纸、桑皮纸获特等奖，汪笑山的刷黄纸、朱遮哉的靛样草纸、振和的黄纸、上里山的白皮纸、王大圣的五千元书纸获一等奖……

张静庐《中国出版史补编》记载：“民国初期，富阳元书纸是浙江省手工文化用纸中唯一出口产品，远销日本和东南亚等地。”

造纸起始于漂絮。“漂絮”意为漂洗丝绵絮或水中击絮。《说文》对“纸”的释义：“纸，絮，一苫也。”“絮”的释义：“絮，敝绵也。”

做纸，水与竹，缺一不可。富阳境内“一江十溪”，毛竹资源居杭州第一位、全省第三位，手工造纸产业主要集中在大源、小源、湖源“三源”山区。

清光绪《富阳县志》载：“竹纸，出南乡，以毛竹、石竹二者

为之，有元书六千、五千、塘纸、昌山、高白、时元、中元、海放、段放、京放、京边、长边、鹿鸣、粗高、花笺、裱心等名，不胜枚举，为邑中出产第一大宗。总浙江各郡邑出纸，以富阳为最良，而富阳各纸以大源之元书为上上佳品。其中优劣，半系人工，亦半赖水色，他处不能争也。”

春江水暖，纸香墨飞。2006 年 5 月，富阳竹纸制作技艺被列入首批国家级非物质文化遗产名录。是年，富阳评出七个传统造纸文化村——湖源乡的新三村、新二村，小源（今属灵桥镇）的蔡家坞村、山基村、新华村，大源镇的大同村、骆村。

这些村落位于富春江以南的山坳里，纯净的溪涧、茂密的竹林为土纸生产提供了便利的条件和取之不尽、用之不竭的资源。耕地稀少，粮食自给不足，只得靠山吃山，以造纸为主业。削竹、翻滩、抄纸等工序虽苦，但当地人“苦在本乡土，虽苦亦为乐”，这种安分守己、埋头苦干的精神，铸就了千百年的淳朴民风，成为富阳土纸得以代代相传的重要原因。

小满、芒种时节，刚脱去笋壳的新竹，其竹穰的蛋白质、脂肪、果胶等营养物质最为丰富，纤维细腻。伐竹工要赶在“鳗桠”分散、“蜻蜓叶”生长这段时间，斫下全年所需的原料，纸农习惯将此时称为“忙工”。太嫩的新竹出浆率低，如果晚了，料多“筋”而泛黄，两头不堪用，只能争朝夕。“夏至削竹一蓬毛”，这句古话的意思是进入夏至的竹子纤维老得不能用了。

斫竹有句行话：“万斤三马竹。”即要求三天内完成一万斤嫩竹的采伐及削竹任务。伐竹工遵循“晴天砍远、雨天砍近”“晴天紧砍、雨天宽松”的合理安排，让马场每天保持数千斤的嫩竹量，这样即使遇到雨天，削竹工也不会因原料断档而窝工。

而斫竹，只是开始。

按照古法造纸，从一根青竹到一张元书纸，需要大大小小七十二道工序，历时 300 多天，好似十月怀胎。“片纸非容易，措手七十二”，富阳人的勤劳、智慧，在一张纸上一脉相承。

富阳竹纸的工艺流程，可分为原料处理、制造方法和后续工序三部分，每一道工序都要遵循春秋时令，顺应万物自然——

原料处理也叫削竹办料，分成斫青、断青、削竹、拷白、断料、浸料、浆料、煮料、出镬、翻滩、淋尿、堆蓬、落塘等步骤，也就

斫竹

是对小满至芒种砍下来的青竹的处理经过，目的就是要从竹子里取出合乎造纸要求的纤维。

制造阶段有舂料、抄纸、榨纸、牵纸、晒纸等工序，此时竹子已神奇地化身为竹纸。

后续工序有属于精益求精的磨纸、捆纸、盖印等。民国十七年（1928）前 90 张为一刀、54 刀为一件，1956 年改 100 张为一刀、50 刀为一件，用竹篾“直四横二”打捆成件。

做纸，用到的工具（设备）有斫竹斧、砍青刀、削刀、竹马、拷白锤、翻滩凳、翻滩勺、皮镬、脚碓、槽桶、竹帘、煏弄、晒帚、鹅榔头等 30 多种。相传，牵湿纸的工具——鹅榔头，还是罗隐秀才发明的呢。

富阳竹帘，以细竹丝为经、丝线为纬编织而成，涂以土漆，具有帘丝细、匀、滑、韧等特点，能在抄纸时舒卷自如。据民国《浙江经济纪略》记载，民国十五年（1926）在北京国货展览会上，富阳竹帘获特等奖。

竹纸文化是富阳鲜明的文化符号和宝贵的无形资产。近年来，富阳开展了一系列保护、传承和发展手工竹纸生产的工作，制订《国遗项目竹纸制作技艺“八个一”保护方案》，成立竹纸保护与传承发展促进会，编撰出版《中国富阳纸业》等专著，举办削竹、抄纸技能大赛和“家在富春江上”竹文化艺术周系列活动。

2015 年，“湖源元书纸”国家地理标志证明商标获国家工商管理总局核准；2016 年，富阳成功申报为“中国竹纸之乡”文房四宝特色区域；2018年，元书纸被列入第一批国家传统工艺振兴目录。

谁知文字贵，先赖纸工良。中国科学技术大学汤书昆教授主编的《中国手工纸文库·浙江卷》，总共三卷，两卷讲的是富阳。在手工造纸式微的今天，富阳仍然有上百位“守艺人”，续写着竹纸的历史。

“就算一天只能做两刀纸，我也要用完整的古法技艺去做出来。”省级非遗传承人、杭州工匠朱中华参与科技部“十三五”课题——关于复制清代卍字地缠枝西番莲银印花纸的制作，用于修复故宫乾隆花园养和精舍室内墙面。经过多年的实践与探索，他于2021年成功恢复了失传已久的历史名纸（乌金纸）制作工艺。这项技艺难度极高，但制成的乌金纸热稳定性要高于其他竹纸——乌金纸能经受上万次捶打而不破，可见其韧性出类拔萃。

作家苏沧桑走进朱中华的逸古斋元书纸作坊采风时，曾发出这样的感慨：“如果一张元书纸开口说话，它发出的声音，一定是水的声音，水声里，是比古井更深的寂寞。”

杭州市级非遗传承人、乡村产业技能大师李文德怀着匠心与坚守，四处收集老物件、影像资料，寻访老纸农、纸文化研究者，筹建集展陈、文创、研学、科普等功能于一体的富阳元书纸文化展示馆，讲好千年竹纸故事。“富阳大竹元文房四宝体验”入选2021年度“杭州亚运人文体验点”，2022年5月富阳元书纸文化展示馆上榜第一批杭州市乡村（社区）博物馆名单。

如今，大竹元竹纸工坊已成功创建省级非遗工坊，通过“非遗+”

拉长产业价值链。“我相信，这张纸里有春秋，担得起宋韵文化的传承。”李文德说。

华宝斋创始人蒋放年的长女蒋凤君于2018年在北京创立的嫏嬛书房，以“传统书房+善本经典”运营模式倡导元典阅读，被评为2019年北京最美书房、2020年北京市西城区特色阅读空间，并亮相2021年第19届北京国际图书节、2022年第23届西博会“宋韵古今”中国书房之美主题展。

在富阳，对“一张纸”的态度，早就跳出了纸本身的厚度，更是对文化、对文明的极大尊重。

# 五、一张富阳纸　十万打工者



富阳第一张机制纸，诞生于 1960 年 10 月。

富阳造纸厂是富阳第一家机械造纸企业，也是富阳历史上唯一一家县办的国有造纸厂，为日后富阳的机制纸，特别是白板纸的生产打下了基础。

而机械造纸的技术源头，则来自杭州新华造纸厂。1959 年 10 月，新华造纸厂派遣技术人员到富阳镇新民村（今富春街道新民社区）大坞坑帮助工厂设计和提供制纸设备，因为规模为日产三吨瓦楞原纸，故又名“富阳三吨造纸厂”。

1962 年 5 月，富阳造纸厂关停，时隔三年重建。1972 年、1973 年，茶纸板、火柴盒纸板在富阳造纸厂问世；1982 年、1986 年、1992 年，分别研发生产单面白纸板（获全国白纸板评比第四名）、粉面白板纸、涂布白纸板（获省优秀新产品奖）。

1986 年，以该厂专业技术人员为主组建的富阳县造纸印刷包装

学会，为村办造纸厂提供技术咨询服务，帮助改造设备、改进工艺。该学会由于在加速造纸新技术的推广应用、推进造纸企业的技术进步等方面发挥了积极作用，1988 年被中国科协授予“金牛奖”。

“春江水暖鸭先知。”在改革开放春风的吹拂下，异军突起的乡镇造纸企业成了主力军。1994 年 1 月 18 日，富阳撤县设市，当年机械造纸企业发展到 207 家。

随着中国逐步成为全球制造业中心，与制造业相伴的包装业也迎来了发展的春天。作为包装材料的涂布白板纸，也迅速成了富阳造纸业的拳头产品。在温州民营经济崛起之时，这些白板纸大多成为温州生产皮鞋的外包装、衬衣的内衬板；到了“珠三角”辉煌时，富阳白板纸中很大一部分，成为虎门女装、东莞制鞋、增城牛仔服的标签和包装用纸。

文化搭台，经济唱戏。1986 年、1991 年，富阳举办两届纸文化艺术节，扩大富阳纸的知名度。

“一张富阳纸，十万打工者。”以春江为中心，大源、灵桥为两翼，在江南不到 100 平方千米的土地上，集聚了全市 90％以上的造纸企业。据《中国富阳纸业》《富阳年鉴》记载，截至 2003 年底，全市有造纸企业 360 多家，年生产规模 420 万吨，年加工废纸 300 万吨，相关从业人员近 10 万人（直接从业人员 3.8 万人），造纸工业总产值占全区工业经济总量的 20.7%，税收占 35.2%。

富阳纸业形成了以单（双）面高中低档类涂布白纸板为主导，其他工业用纸（瓦楞原纸、防锈防潮纸、过滤纸、引线纸、云母纸、电池棉纸、转移印刷纸、箱板纸、工艺编织纸），农业用纸（育果套袋纸、种子发芽纸），包装纸（食品、医用），生活用纸（餐巾纸、卫生纸、化妆用纸、擦镜纸）等为补充的近40类100多个产品体系。

大源大同竹纸文化园

杭州特种纸业有限公司专注于过滤及纸基功能材料的研发与生产，为汽车过滤、工业过滤、医疗诊断、生命科学、环境监测等行业提供专业的解决方案。

把废弃牛奶饮料盒还原成“纸、塑、铝”，实现完全资源化利用，杭州富伦生态科技有限公司是国内第一家。

将造纸原理与无纺布生产工艺相结合，开发出生活用、医用、工业用无纺布产品，杭州富阳新沃无纺布有限公司因此入选浙江省“专精特新”培育企业名单。

较有名的小众产品，还有杭州新兴纸业公司出口的日本和纸、杭州富春江宣纸有限公司生产的扇子纸、杭州康辉纸业公司研发的电脑屏幕防护纸等。

值得一提的是，尽管富阳没有印钞纸，但却有获得国家专利的防伪纸。

1986 年，新建村办企业——富阳第二造纸厂开始用商品木浆、废纸再生浆制造砂管原纸，经验在春江、大源等地迅速推广。1993 年 6 月，在全市同行企业中率先改制组建股份合作经营的富阳永泰纸业公司。2001 年 5 月，改制组建浙江永泰纸业集团股份有限公司。2002 年，永泰纸业集团联合上海柯斯造纸防伪技术有限公司研发出“分层染色防伪涂布白纸板”，主要应用于有防伪需要的、用纸盒包装的名牌产品。消费者通过撕开防伪白纸板，观看其染色结构是否与企业说明的一致以辨别真假，对在纸板底层加入彩色纤维的内部分层染色防伪白纸板，还可以借助察看纸板底层表面是否有与企业说明一致的彩色纤维来辨别真假。产品由表层、中间多层染色入底层（或加入彩色纤维）组成，染色结构或彩色纤维必须在造纸过程中完成，除非假冒者自己能够造纸，否则任何其他技术都不能做到在纸中间染色。假冒者如小批量生产在经济上是得不偿失的，从而达到一定的防伪作用。

据《中国富阳纸业》记载，2003 年，富阳白纸板产量 280 多万吨，约占全国白纸板产量的三分之一。2004 年 1 月，富阳被中国工业经济联合会认定为“中国白板纸基地”；2007 年 9 月，被中国社科院工业经济研究所认定为“中国百佳产业集群”。

# 六、“一纸”成绝唱 “智创”向未来

在人们的印象中，造纸一直是“污染”的代名词。

富阳早在 1987 年就在春江民主造纸厂、三合皮纸厂分别开展气浮法、凝聚法污水治理试验。

为治理造纸业污染问题，富阳实施白水回用工程、执行“三同时”验收制度、废纸再生纸浆替代自制浆、征收排污费、刷卡排污、开展“一控三达标”活动、公众参与环保有奖举报、建立“联片供热、统一供气、集中治污”造纸工业集聚区等一系列政策、举措。经过技术革新，生产 1 吨纸的用水量从 200 多吨降到 10 吨以内。

2005 年，富阳造纸被列入钱塘江流域省级环境保护准重点监管行业。是年 9 月 5 日，时任浙江省委书记的习近平考察富春江支流——大源溪水环境治理情况，要求把发展生态经济特别是循环经济摆上重要位置，转变经济增长方式和发展模式。[①]

富阳牢记嘱托，一任接着一任干。按照"关停淘汰一批、整合入园一批、规范提升一批"的思路，累计投入123亿元，实施六轮轰轰烈烈的造纸落后产能淘汰关停工作。造纸工业园区建成了富春环保热电、三星热电等公用热电项目，八一、春南、灵桥、春江、大源5座污水处理厂，总长63千米的江南截污纳管工程以及清园热电、富春环保热电等污泥与废塑料综合利用方面设施。"这样的园区条件，在全国也绝无仅有。"时任富阳市造纸行业协会秘书长的董良兴回忆说。

经历了2008年全球金融危机并受到之后绵延数年的欧债危机影响，敏锐的富阳民企感受到了全球市场的"严冬"，开始抱团取暖。

富阳市人民政府也于2014年出台《关于富阳市造纸企业大集团组建的实施意见（试行）》，推进造纸产业龙头企业兼并重组，永正控股、春胜控股、鸿昊控股、新胜大控股等4家造纸航母应运而生。

2015年2月15日，富阳撤市设区挂牌，开启融杭发展新征程。

"美丽富阳不要黑色GDP。"到2015年，富阳区造纸企业缩减到125家，废水排放量、COD（化学需氧量）在2010年基础上分别下降41.9%、48.3%，兑现了"一江清水送杭城"的承诺，捧回浙江省"五水共治"工作最高荣誉"大禹鼎"；2016年，富阳

① 何玲玲、王俊禄：《打造现代版富春山居图》，《瞭望》2021年第51期。

区被命名为国家级生态区。

2016 年 12 月举行的富阳区第一次党代会，作出“城市发展向南看”的部署，开启造纸业从“去产能”到“去产业”的涅槃之路。2017 年 11 月 17 日，富阳举行江南新城建设誓师大会，吹响了“挺进江南、拥江发展”的冲锋号。2018 年 12 月 26 日，江南新城更名为杭州富春湾新城。2019 年 8 月 28 日，杭州高新区（滨江）富阳特别合作区挂牌成立。

杭新景高速富阳互通的东面，三根 120 米高的烟囱一字排开，往来者称之为“三支清香”。烟囱的“主人”是为造纸企业供热的

富春湾新城

浙江三星热电有限公司。2019 年冬，随着烟囱被拆除，“三支清香”背后的江南区块造纸业整体腾退也进入了收官期。

2021 年 1 月 30 日上午 8 时，红白相间的冷却塔停止运行，标志着为造纸企业集中供热的富春环保热电正式停产。至此，富春湾新城累计关停造纸及关联企业等工业企业 1000 家，其中造纸企业 111 家，圆满完成传统制造业改造提升分行业省级试点任务，新城实现从“一纸江南”向“智创江南”的华丽转身。

从千年前的手工纸，到本世纪潮涨潮落的机制纸，富阳在时间和空间双重纬度中，再次升级了这张纸的文化质感。

以造纸产业起家的春江街道八一村将老旧厂房改为共享中心、创客中心，成了浙江省首批未来乡村建设试点村。由八一村与毗邻的新建村、民主村组成的春江街道景秀江南共富带，还入选了杭州市首批共富带。

灵桥镇王家宕村的浙美 · 江堤艺术园，以存量造纸工业厂房为蓝本，在最大限度保留历史痕迹的前提下，用艺术的表现手法让工业遗存重新焕发生机，成为一个集“艺术 + 景观 + 农业 + 旅游”于一体的艺术农旅文创集聚区。

大源镇大同村以新时代美丽乡村建设为契机，将朱家门自然村的一处煏弄改造成竹纸文化展陈馆。

在“留心留根”政策的鼓励下，原永泰纸业改造成小微企业创新园，不少造纸企业主转型发展高新制造、总部楼宇经济。

造纸产业腾退之后，现有的造纸人才如何安置，造纸设备又该

去往何方？2017 年 7 月，杭州蓝海永辰科技有限公司应运而生，延揽富阳造纸行业内机械制造、机电设备、工艺技术、经营管理等方面的各类优秀人才，为国内外的造纸企业提供一站式、综合性、链条式服务。

在衢州龙游县工业园区，2017 年至今已有 11 家富阳外迁造纸企业落户，成为龙游打造全国特种纸产业基地和亚洲最大的装饰原纸生产基地的生力军。他们响应“山海协作”行动，不只是搬迁，更是产业的一次升级，被称为“2.0 版富阳造纸产业”。

浙江新胜大控股集团、浙江春胜控股集团等一批造纸企业，将自身发展与国家支持企业“走出去”政策、“一带一路”倡议相结合，在东南亚国家投资建设绿色环保造纸生产基地，而他们的总部则留在富阳。

其中，浙江新胜大控股集团在马来西亚成立新胜大国际纸业有限公司，规划新建年产能 210 万吨的绿色造纸产业园项目，总投资约 9 亿美元。一期年产能 70 万吨，首条 35 万吨涂布白纸板生产线于 2022 年 1 月投产。该项目是富阳迄今为止单笔金额最大的境外投资项目。

破而后立，晓喻新生。富春湾新城四个“10 平方公里”（10 平方公里城市形态、10 平方公里产业业态、10 平方公里田园生态、10 平方公里留白）格局正在加速形成，只有“蔡伦路”“竹简路”“赤亭纸路”“井纸路”这些名称还俯卧在大地上，告诉来者，这里曾留下过的基因。

铅华洗尽，珠玑不御。如今，我们可以去泗洲探寻“先人的印记”，追溯富阳悠久的造纸文化；可以走进常绿镇大章村，观看高达 12 米的花灯“纸糊高照”；可以赴湖源开展“一张纸的研学游”，领略富阳古法造纸的独特魅力；可以到富春江边逛逛“春江花月夜”文创街区，纸制小熊摆件、纸鹞、牛皮纸包包等特色文创纸产品让人爱不释手……纸的故事正在富春大地上以另一种形式呈现。

# 第四章

# 星光熠熠耀富春

——王宏伟　陆桂云

天下佳山水，古今推富春。

云山苍苍，江水泱泱，这一脉天下独绝的奇山异水，滋养着富春大地，天宝物华，地灵人杰，孕育了无数英雄豪杰，涌现出千百风流人物。他们书写下绚丽灿烂的历史，创造出丰厚博大的文化，犹如在历史长河的星空中熠熠生辉的星辰，辉映着华夏的荣光。

承载着沧桑岁月的积淀，从古老走向现代。历史长河中，我们敬仰那些充满智慧的头颅，更敬佩那些刚正不阿、铁肩担道义的风骨，为国为民不惜牺牲的伟大人格，他们是我们头顶上的星星，他们照亮了这个世界。先贤励精图治开创历史，后辈薪火相传再续新篇。仰望富春的历史星空，先贤的风采与厚重的人文精神扑面而来，我们缅怀先辈的光荣与梦想，期望赓续传承他们所创的优秀文化，凝聚起生生不息的发展动力，以期再创无愧于先祖的壮丽事业。

# 一、三分天下开发江南吴大帝

三国东吴的开国者孙权，今富阳区场口镇王洲人，三分天下，开发江南，经略台湾，史称吴大帝。

据《三国志》，孙权祖上为春秋时期大军事家、“兵圣”孙武。孙武助吴王阖闾大败楚国，立有大功，二儿子孙明受封富春为食邑，后代子孙几经迁徙，东汉年间孙厚复由青州（治今山东淄博市临淄区北）迁到富春江南岸定居。传至孙权祖父孙钟，有大家风范，性好施与，住在瓜桥埠村，率家人在一片叫洋涨沙的宽阔沙洲种瓜为生，子孙在农事之余，修文习武，家风严谨，至今流传着众多传说。

孙钟儿子孙坚（155—191），字文台，东汉末著名将领，孙权之父。

孙坚年少即胆略过人。17岁时，乘船去钱唐，途遇盗匪，商旅畏缩不前，唯孙钟、孙坚父子见义勇为，勇猛冲杀，驱散盗匪，孙坚还追杀了一名强盗，从此名显地方，被官府任命为县尉，开始从

吴大帝孙权像

政生涯。

东汉中平元年（184），黄巾起义爆发，孙坚随中郎将朱儁镇压黄巾军，参与汉末动乱中的军阀角逐，后升为长沙太守，被封为破虏将军、乌程侯，领豫州刺史。《三国演义》第五回中有“关公温酒斩华雄”的情节，华雄为董卓手下猛将，并非为关公所斩，而是死于孙坚之手，小说家罗贯中为了塑造关羽的英雄形象，有意“张冠李戴”。

初平二年（191），孙坚进攻割据荆州的刘表，夜色中轻骑猛进，误入林木茂密的岘山，被刘表大将黄祖伏兵射杀，时年37岁。

孙坚阵亡，长子孙策时年17岁，继承家业。孙策（175—200），字伯符，以“少年英杰”著称。

孙坚突然去世，部属群龙无首，孙策只得投靠袁术。袁术赏识孙策才干，又颇怀戒心。孙策明白寄人篱下没有出路，决心独立开创事业。他见群雄并起，逐鹿中原，而江东尚有发展空间，且是自己故地，便借故离开袁术。其军队纪律严明，得到百姓拥护，很快控制江东六郡，自任会稽太守，被封为讨逆将军、吴侯。

建安五年（200），孙策进军许都，行至丹阳，率随从外出打猎，被仇家吴郡太守许贡的门客暗箭所伤，不治而亡，年仅26岁。

孙策临终，把尚未稳定的基业托给时年19岁的弟弟孙权。孙权（182—252），字仲谋，孙坚次子。

孙权临危受命，立即出巡各军，以安定军心民心。他谦逊地以老臣张昭为师，重用周瑜、程普等孙策旧部，尊如兄长；又广招贤士，

礼聘鲁肃、诸葛瑾等为幕僚。他亲率诸将，镇抚骚乱的山越，稳定后方，数年之间，割据整个江东，完成了父兄未竟之功。

占有江东的孙权，在天下大乱、群雄纷争的时代，很快显示出卓越的政治军事才能。

首先，孙权坚守“立足江南、面向全国”的国策，能审时度势，灵活处理与曹魏、刘蜀的关系。建安十三年（208）联合刘备，在赤壁大破曹操，又将荆州“借”给刘备，以挡住曹操南下。安定江东后，又假意称臣于曹丕，接受吴王封号，稳住曹魏，以便向刘备索回荆州，经擒杀关羽和夷陵之战，赶走刘备，占有长江中下游地区。建国后，因刘备已退居益州，对吴不再构成威胁，便再次联合刘蜀，抵挡了曹魏的南下，在江南建立起稳固的政权。

其次，孙权能举贤任能，知人善任，手下文臣武将，人才济济。他力排众议，选拔甘宁（打败黄祖）、鲁肃（周瑜之后吴军统帅）、陆逊（大败刘备）、吕蒙（擒杀关羽）等各色将领，使他们的才干得到充分发挥，为东吴的建立和巩固立下赫赫功勋。孙权的韬略，连老对手曹操都很佩服，赞叹“生子当如孙仲谋”。

黄武元年（222），孙权称吴王；黄龙元年（229），在建业（今南京）正式称帝。此后治国，开发江南，功勋卓著，成就三大功绩。

其一，发展农业生产。孙权推广屯田制，在军队组织兵士且耕且战，称为军屯；组织民间屯田，专事农耕，称为民屯。对在深山扎寨的“山越”采取强制出山的政策，年壮者编入军队，老弱编户生产。积极推广水稻种植，推广牛耕和北方先进生产技术，修筑堤坝，重视水利灌溉。孙权当政之初，仅有六郡，人口稀少，及至晚年，东吴版图已增至43郡313县，疆域远比蜀汉辽阔。

其二，发展手工业生产、交通和城市。孙权组织部分士兵专门从事手工业劳动，称为“作士”，纺织、煮盐、制瓷、酿酒、造船等手工业得到很大发展。开凿多条运河，联通各大河流，发展交通。发展了建业（今南京）、武昌、番禺（今广州）、会稽（今绍兴）等，江南城市开始兴起。

其三，具有海洋意识，积极开拓海外。派遣将军卫温、诸葛直率领“甲士万人”，乘船数百，经略台湾；开拓海南岛，设置了珠崖、儋耳等县；派军队远航“夷州”、辽东、“澶州”（今日本西南诸岛）。毛泽东主席曾对来访的日本首相田中角荣说：孙权想找你们，派遣了一个3万人的船队。孙权还派遣朱应、康泰等，出使“西南海诸国”（今东南亚各国），沟通了大秦（今伊朗）、天竺（今印度）。

孙权执政50余年，内政外交、文治军功，多有建树。从孙权开始，经东晋、南朝（宋齐梁陈）六朝的开发，江南经济发展已和黄河流域接近，为隋唐以后超越北方奠定了基础，实为江南发展第一人。

## 二、功勋卓著誉享青史五名相

### 1. 忠君安国备受隆恩的唐初太子少师许敬宗

许敬宗（592—672），字延族，唐代新城（今富阳区新登镇）人，镇内原有的学士街即其故里。

许敬宗少有文名，隋大业年间举秀才，父亲许善心是隋礼部侍郎，隋炀帝“江都之难”时，被宇文化及所害。许敬宗虎口逃生，转投瓦岗起义军李密，与魏徵同事，后归唐。

武德四年（621），许敬宗被秦王李世民召为幕僚，与房玄龄等并称为“秦府十八学士”。李世民继位后，因修《武德实录》《贞观实录》有功，升太子右庶子。贞观十九年（645），随太宗亲征高丽，参与机要，马前受旨起草诏书，颇受赞赏，升光禄大夫，此后专为太宗草拟诏令。

永徽元年（650），高宗嗣位，许敬宗被升为礼部尚书，后加弘文馆学士。高宗欲废王皇后，立武则天为后，群臣反对激烈，许敬宗坚定支持高宗和武则天，说：“田舍翁多收十斛麦，尚欲易妇，况天子欲立后，何豫诸人事而妄生异议乎！”又赞同高宗废立太子，怂恿高宗、武则天贬逐褚遂良等一批太宗时代的老臣，逼死元老长孙无忌等，官拜右丞相、太子少师。高宗与武后对许敬宗信任有加，因许敬宗体弱多病，不便行走，高宗特许他早朝乘小马入禁门至内省，任遇优显。咸亨三年（672），81 岁的许敬宗去世，高宗为之举哀，“废朝三日”，并下令文武百官亲赴许府哭祭，追赠开府仪同三司、扬州大都督，谥恭，陪葬唐太宗昭陵，备极哀荣。

许敬宗支持高宗、武则天，为以后武则天上位创造了条件。他死后 18 年，武则天以周代唐，这为后世“正统史家”所不容，故对许敬宗大加贬责，《新唐书》将他归属奸臣之列。但许敬宗一生效忠太宗、高宗，他辅助高宗承袭“贞观之治”良政，又赞襄开创“永徽之治”新局，对唐初社会的稳定和兴盛发展功勋卓著。他博览群书，学识通达，著有文集 80 卷，《全唐诗》收录其诗 27 首，《全唐文》收其文 2 卷共 32 篇，主持或参与编写《文馆词林》《文思博要》《西域图志》等大型丛书，对文化发展也多有贡献。

2. 忠心事国的股肱之臣吴越国太师杜建徽

五代十国时期，杜稜、杜建徽父子作为吴越国股肱之臣，辅助钱镠成就大业，实行“保境安民”国策，对促进杭州乃至江南发展贡献颇大。

杜稜（？—900），字腾云，唐末新城（今富阳区新登镇）人。

唐朝末年，农民起义，军阀割据，天下大乱。乾符五年（878），

钱镠在杭州组建数千人的队伍，号称八都军，杜稜为东安都将，以抵御黄巢的农民军。

大顺二年（891），因淮南节度使杨行密数度侵扰边境，杜稜奉命修筑东安罗城，以作为杭州屏障。杜稜率领军民，苦战十个月，终于筑成一座“周二千五百七十一步，高二丈二尺”的坚城。同乡好友罗隐为之撰《东安镇新筑罗城记》，大加赞誉。这也是新登自唐初之后的又一次筑城，明代范永龄就是在杜稜东安罗城的基础上，加以拓展，修筑新城，成为今天新登古城的遗迹，浙江省现存较完整的古县城垣之一。

乾宁二年（895），杨行密率大军攻打东安城。当时，东安周围的紫溪、保城、建宁、静江四镇无险可守，民众纷纷逃至东安避难。城中缺水，杜稜率军民挖掘深井而得泉水，百姓因此得以存活。此井至今尚在，惠泽后世千年，新登百姓感怀杜稜之恩，命名为“杜公井”。由于杜稜随机应敌，凭城而战，取得大捷，朝廷拜杜稜为两浙都指挥使行军司马，并恩准在家乡建立生祠。

光化三年（900），杜稜去世，葬于新登镇北三里的官塘。

杜稜有三子建思、建徽、建威（一名建孚），均为吴越国大将，二子杜建徽尤为出色。

杜建徽（863或864—950），字延光，从小随父征战，常单衣入阵，所向披靡，有“虎子”之称。杜稜临死时，散家财与众子，唯授建徽一剑，寄予特别信任。杜稜死后，杜建徽子承父职，继任东安都将，全力扶持吴越国的事业。

天复二年（902），许再思、徐绾发动叛乱，重兵围住钱镠在杭州凤凰山的王宫，意欲取代钱镠。杜建徽闻报，急率东安军日夜兼程赶到杭州救援。钱镠称赞杜建徽说：杜将军为我，真是能赴汤蹈火！

钱镠手下睦州刺史陈询叛乱，而杜建徽与陈询是同乡亲家。平叛后，钱镠获取了杜建徽致陈询的多封书信，见书信内句句都是劝谕忠言，显现了杜建徽的一片忠心。兄长杜建思与之不睦，曾诬他私蓄兵力，图谋不轨。钱镠命亲兵去杜建徽家搜查，当时杜建徽正在吃饭，任使者入室，并无所获。此后，钱镠对杜建徽倍加信任，每当朝会，钱镠常向臣僚介绍说：我有今日，全仗杜丞相鼎力相助。日受重用，累官至左丞相，进封郧国公。

杜建徽在吴越国历任四王，忠心一如既往，88 岁无疾而终。钱氏为表彰他的功绩，追赠太师，谥威烈。葬于家乡新城城西十里的袁村，老百姓称之为“太师坞”。

杜氏父子在新登影响深远，留下许多遗迹，城中观音弄有供后人祭祀缅怀的杜公祠，民间至今流传有许多传说故事。

3. 卓有识见誉享“公清”的南宋丞相李宗勉

李宗勉（？—1241），字强父，南宋富阳（今富阳常安镇安禾村古城）人。开禧元年（1205）进士。

古城李氏，为唐朝李氏皇室后裔，李宗勉先祖可追溯至南唐后主李煜。

李宗勉经过十多年地方为官的历练，嘉定十四年（1221），在

理学大家真德秀的推荐下，被调至礼部任职，开始显现卓异的政治才干。权臣史弥远死后，端平元年（1234），理宗亲政，任用李宗勉等清正廉能之士为监察御史，大力改革弊政，史称“端平更化”。李宗勉此后不断升迁，直至参知政事、左丞相兼枢密使。

李宗勉卓有见识，任御史不久，便提出“四事”，即守公道、行实政、谨命令、明赏罚；还建议宫廷及官府节约纸币，以达到纸钱和纸币币值相当，要朝廷通下情、节国用、宽民力。

蒙古兴起后，宋蒙曾联合攻金。金军刚退出河南一带，蒙古军初入，朝廷中有人主张立即兴兵，收复中原。李宗勉却甘冒政治风险，提出反对意见，指出当时南宋士卒不精锐、资粮不充足、器械不犀利、城壁未缮修，不具备进攻条件，即使收复失地也未必可守，要量力而为，相时而动。理宗没有听取李宗勉的意见，贸然出兵，终因粮运不继，导致大败。

蒙古灭金，占有中原以后，大举南侵，理宗一心想达成和议，以求苟安，此时李宗勉坚决主战，反对投降。他主张保江南则要先守江北，力主撤换和议的淮西制置使史嵩之，增兵防守长江上游。无奈李宗勉身处南宋末年，国势日颓，已不可逆，虽卓有才干，也无力回天。

李宗勉被当时人誉为“公清之相”。公，既指公正无私，一心为公，也指公道正直，不私亲党，不徇私情；清，指为官清廉。史载，李宗勉严守法度，清廉自持，家若贫士。死后，朝廷赠少师，赐谥文清，葬于富阳城北的小隐山。因李宗勉是坚定的主战派，元军占领富阳后，第一件事就是毁了他的墓。明初修复，“文化大革命”前仍有古城李氏后裔为之扫墓。

4. 安邦治国屡献奇策的元初平章政事叶李

叶李（1242—1292），字太白，一字舜玉，号亦愚，元代富阳庆护里（今富阳区环山乡）人。

叶李少有大志，不畏权势。南宋理宗末年，贾似道独揽朝政，欺瞒误国。景定五年（1264），当时在临安（今杭州）太学求学的叶李率康棣、朱清等太学生 83 人，联名上书皇帝，“请斩似道以安众心”。贾似道指使党羽诬陷叶李，将上书太学生治罪，叶李被判流放漳州。这就是南宋末年名闻一时的“太学生伏阙上书”事件。

南宋灭亡后，元朝政府为巩固统治，急需汉族知识分子参与管理，因叶李名震海内，元朝江淮行省及下属各府争相礼聘叶李，但叶李概不应允，隐居于环山老家，耕读为生。

元世祖忽必烈对叶李“伏阙上书”很是赞叹，得知叶李尚健在，立即授叶李为奉训大夫、浙西道儒学提举。叶李闻讯不就，逃至山中隐匿。至元二十三年（1286），忽必烈再派大员专程征召，叶李这才应召至京师大都（今北京）。

忽必烈向叶李请教治国之道，叶李侃侃而谈，陈述历代帝王成败之由，向元世祖提出“偃武修文”“养人才以弘治道”“凡儒户徭役，乞一切蠲免”等建议，希望元统治者尊重知识和人才。忽必烈大加赞许，以后每朝罢必召见叶李讨论施政得失，听取叶李的意见。

忽必烈对叶李信任有加，叶李累官至尚书左丞、平章政事。叶李患有脚疾，忽必烈特赐大小车各一辆，特许叶李乘小车出入禁中，在民族歧视严重的元初，予以特殊的荣宠。

为感激元世祖知遇之恩，叶李殚精竭虑为忽必烈出谋划策。军事上，他参与了平定蒙古乃颜部叛乱的军机策划；经济上，建议改革赋税，重新统一货币；政治上，提出选拔官员的德才标准，荐任品学兼优人才，为巩固元朝的统治出力甚多。

至元二十九年（1292），叶李因病辞官，回乡途中病死于山东临清，后归葬富阳高桥石墓。叶李在任时所受元世祖赏赐很多，但他自奉节俭，不作私用，临死时嘱咐家人，将历次赏赐之物悉数具表送还国库。至正八年（1348），朝廷追封他为南阳郡公，谥文简。

5. 勤慎清廉丹青卓绝的清中叶大学士董诰

清朝中叶，董邦达、董诰父子历事雍正、乾隆、嘉庆三朝80多年。父子俩为官为人，勤政清廉，书画词章俱佳，才华学识、官德人品，深得当朝和后世称道。

董邦达（1696—1769），字孚存，一字非闻，号东山，清富阳城东坊郭里（今富阳区富春街道）人。

董邦达出身贫寒，雍正十一年（1733），中进士，改庶吉士，授编修。乾隆皇帝爱其才，晋升他为侍读学士，入值南书房，每每外出巡幸，都让董邦达扈从，使他成为皇帝秘书班子成员。乾隆十二年（1747），授内阁学士兼礼部侍郎，此后主持江西、陕西乡试，参与修撰《石渠宝笈》《秘殿珠林》等大型文化艺术丛书。乾隆二十七年（1762），擢升为工部尚书，二十九年调任礼部尚书，三十一年调回工部尚书，三十二年又调还礼部。由于政绩突出，乾隆钦赐董邦达“紫禁城骑马”。乾隆三十四年（1769）春，因病乞休，是年七月，病卒于家，谥文恪，葬于今富阳区新桐乡包家淇村。

董邦达工书法，尤善画，他的篆隶古朴，山水画宗法元人。乾隆帝曾多次为他的书画作题跋。传世作品较多，故宫博物院、钓鱼台国宾馆、浙江省博物馆等都有他的作品。董邦达与《红楼梦》作者曹雪芹也有交往，并为曹雪芹所著《南鹞北鸢考工志》作过题签和序。

董诰（1740—1818），字雅伦，一字西京、蔗林，号柘林，董邦达长子。

董诰于乾隆二十八年（1763）中进士，名列一甲第三（探花），乾隆皇帝因其为大臣之子，殿试改为二甲第一（传胪）。进入翰林院，参与撰修《三通》《皇朝礼器图》等书，充《四库全书》馆副总裁、武英殿总裁。历官内阁学士，礼部、工部、户部、吏部、刑部侍郎，户部尚书。乾隆四十四年（1779）后，擢升军机大臣，是清代第一个进入军机处的汉人，赏“紫禁城骑马”，加太子少保衔。

在军机处，他先后参与了筹划镇压台湾林爽文起义、反击廓尔喀入侵等大事，图列乾隆《御笔平定台湾二十功臣像赞》之第七位。他熟悉政府的典章制度与各种事件，上奏时从不用折子，都是直接向皇帝面陈。董诰为人正直，乾隆末年，和珅声势显赫，权倾朝野，董诰不愿与之同流合污，一度受到排斥。嘉庆四年（1799），乾隆

董诰像

皇帝死后，和珅被捕下狱，董诰才回到京师，被任为刑部尚书，议定和珅的二十款罪状，又总理乾隆帝的丧仪，重新进入军机处，并晋升文华殿大学士。

在嘉庆朝，董诰恩宠日隆，先后任实录馆正总裁，国史馆正总裁，《大清会典》馆正总裁；参与镇压天理教攻入紫禁城的起义。晋太子太师，充上书房总师傅，后晋太保，图像入挂紫光阁。

董诰继承家学父艺，书画成就很高，为乾隆帝所赏识。乾隆、嘉庆写的诗词，大部分也是由他手书后装裱，再布置在皇宫或存大内收藏。他的众多画作，经乾隆、嘉庆御笔题咏，收于《石渠宝笈》第三编中。

董诰对富阳故土深怀依恋，曾五次回到富阳。在家乡，董诰不摆架子，乡民直呼其名，董诰不以为忤，反以为乐。他生活简朴，平易近人。对此，县志和民间有颇多记载与赞誉。

嘉庆二十三年（1818），加封太保大学士，是年病逝于家，享年 79 岁。嘉庆皇帝亲往祭奠，并写下“只有文章传子侄，绝无货币置庄田”的挽联。谥文恭。朝廷拨款建董公祠于其故居，现为二董纪念馆。墓葬在富阳新桐包家淇董邦达墓附近。

董氏父子为人正派，勤慎尽职，质朴低调，清正廉洁，足为后世楷模。在富阳民间，他们声誉卓著，传说和遗迹、纪念场馆众多，有“父尚书子宰相”之称。

# 三、清正廉能造福一方众豪杰

1. 建立政权的南朝萧齐农民起义军领袖唐寓之

唐寓之（？—486），南朝齐富春（今富阳区）人，领导农民起义并建立了政权。

唐寓之世代以看风水、造坟墓为业。齐朝统治者横征暴敛，农民为了逃避沉重的徭役，四处逃亡，被称为“却籍（假冒户籍）户”，一旦被抓，往往全家充军。官吏们乘机滥用刑罚，对农民强取豪夺，民不聊生。唐寓之于是在贫苦农民和“却籍户”中进行组织动员，于南朝齐武帝永明三年（485），在新登带领400多名贫苦农民发动起义。起义军很快发展到3万余人，接连攻下新城、桐庐、富阳、钱唐、盐官、余杭、诸暨等地。第二年，唐寓之以钱唐（今杭州）为中心建立政权，称皇帝，国号“吴”，年号“兴平”。有学者认为，这大概是历史上最早在杭州建都的政权了，唐寓之也因此成为富阳历史上的又一位“吴国皇帝”。

在齐政府的镇压下，起义很快失败，但齐政府也慑于农民的反抗斗争，被迫停止对“却籍户”的清查，并宣布取消“却籍”政策。唐寓之领导农民起义，迫使统治者有所收敛，减轻对农民的压迫，从而促进社会生产发展，进步作用应该充分肯定。

2. 有功于国家统一的隋朝能臣陆知命

陆知命（548—614），字仲通，隋吴郡富春（今富阳区）人，隋朝御史大夫。

陆知命出身官宦之家，任职陈朝。唐朝魏徵说他“生性好学，通识文体，以贞介自持”，隋文帝开皇九年（589）灭陈，统一全国，结束了南北朝时期长期战乱和分裂割据的局面，陆知命回富春老家归隐。

开皇十年（590），婺州汪文进、会稽高智慧、苏州沈玄懀、余杭杨宝英等江南陈朝的旧部相继率众反隋。晋王杨广坐镇江都（今扬州），受命平叛。他知道陆知命在江东三吴地区颇有声望，便请他出面劝降各地叛军。陆知命接连劝降了十七城，收服众多陈朝旧部。朝廷以陆知命有功，特拜为仪同三司，赐以田宅，还任命他的弟弟陆恪为开阳令。但陆知命认为其弟并不具备治理郡县的才能，上表请辞，朝廷觉得他的见识正确，便收回了对陆恪的任命。

隋朝统一天下后，社会安定，陆知命特作《太平颂》呈隋文帝杨坚，并劝隋文帝定都洛阳，以利于安邦治国。他还主动请求出使高丽，“宣示皇风”，使其归服隋朝。朝廷授陆知命为普宁镇将，又因他正直敢言，调任为御史台侍诏。

隋炀帝杨广即位，拜陆知命为侍御史。陆知命忠于职守，不畏权贵，深为隋炀帝杨广所敬重。当时齐王杨暕骄纵横暴，任用小人作歹，陆知命上奏弹劾，齐王为此获罪，引得官场震慄。大业十年（614），陆知命随隋炀帝出征高丽，病死于行伍，赠御史大夫名号。

3. 英勇抗击叛军的唐代忠臣许远

许远（709—757），字令威，唐富阳新城（今富阳区新登镇）人，唐初宰相许敬宗的曾孙。

唐玄宗开元年间，许远从军河西，任碛西支度判官，性格宽厚，治吏严明。玄宗天宝年间，安禄山叛乱，唐玄宗以许远懂军事，任命他为睢阳（今河南商丘）太守，以抗叛军。至德二年（757）安禄山叛军围攻睢阳，许远与真源令张巡协力据城坚守，率七千人马挡住十三万叛军，有力制止了叛军的进攻，为朝廷集聚力量，组织战略反攻创造了条件。城围十个月后，粮尽城破，张巡遇害，许远被执送洛阳，因不屈而被安禄山之子安庆绪所杀。

唐大学者韩愈曾写有《许远传论》，高度肯定许远、张巡的功绩。朝廷下诏赠许远荆州大都督，画像入挂凌烟阁，并在睢阳建双忠庙以奉祀，门联“国士无双双国士，忠臣不二二忠臣”传诵一时。历代名人，如王安石、文天祥等，多有题诗，把许远、张巡与另一对抗叛忠臣颜真卿、颜杲卿兄弟相并论。在许远故乡新登塔山，亦曾建有许公祠，民间岁时致祭。

4. 卓有才学的中唐改革家凌准

凌准（752—808），字宗一，唐代新城人，详为今富阳区新登镇潘堰村东山坞人。

凌准祖先为三国东吴大将凌统，为人富有谋略，尚气节，以孝悌闻名乡里。唐大历六年（771），20 岁时，上书宰相自荐，经考核后被任命为崇文馆校书郎。后累迁殿中侍御史、浙东廉访使判官，任内抚慰百姓、惩办贪官，为世所称。

安史之乱后，朝政败坏。宰相王伾和侄子王叔文等，于永贞元年（805），拥立唐顺宗李诵，实行政治改革，以限制宦官专权和藩镇割据，抑制土地兼并，加强中央集权，缓和社会矛盾。经王叔文荐举，凌准被征召入京，任翰林院学士，与柳宗元、刘禹锡等组织变法。

但改革遭到保守势力的联合反对，唐元和元年（806）顺宗被迫让位，变法很快失败。王叔文遭杀害，王伾死于流放途中，凌准和参与变法的柳宗元、刘禹锡等 8 位核心人物，先被贬往边远州任刺史，后又再贬恶州司马，史称“二王八司马事件”。

凌准先贬和州（今安徽和县）刺史，随即又被贬连州（今广东连县）司马，在连州哀伤地度过人生最后三年。因为母亲和弟弟相继在家乡去世，凌准忧郁成疾，双目失明，元和三年（808）死于当地一所佛寺。3 年后，灵柩由两个儿子送回新登家乡归葬。

凌准勤奋好学，对儒家经典和历史，有独到研究，著有《六经解围》《后汉春秋》等书。挚友柳宗元，写有《哭连州凌员外司马》等三首诗作，称赞他：“六学诚一贯，精义穷发挥。著书逾十年，幽赜靡不推。”对凌准的生平才学、志向品德十分推崇。

5. 最早开发澎湖的唐代诗人施肩吾

施肩吾（780—861），字希圣，号东斋，唐睦州分水（今富阳区洞桥镇贤德）人。

施肩吾幼时家境清贫，但仍勤奋读书。唐元和十五年（820）中进士。隋唐之际，科举制度尚不完备，“新进士，皆得称状元”，故民间有“施状元”的说法。

施肩吾身处唐朝晚期，唐王朝已走向衰微，军阀混战，内宦专权，朋党斗争激烈，人民生活困苦，他一生历经 9 个皇帝，这些因素促使平民出身的他，不耐官场生态，短期在江西为官后，便只身隐居于洪州（今江西南昌）西山，潜心修道。

唐文宗太和初年（827），施肩吾萌发了去海外寻访仙山修道的愿望，率领族人买舟泛海，到澎湖列岛定居。当时岛上仅有少数土人生活，生产也呈原始状态。施肩吾作有《岛夷行》诗一首：“腥臊海边多鬼市，岛夷居处无乡里。黑皮年少学采珠，手把生犀照盐水。”真实地描写了当时的澎湖岛尚处于原始状态的情景，所以后人称施肩吾既是民间开发澎湖先驱者，也是歌咏澎湖的第一人。

施肩吾约 60 岁去澎湖，在那里生活了 20 余年，把祖国大陆先进的生产方式和农业生产技术带到了澎湖，与当地人民一起，对澎湖的开发起了积极作用。唐咸通二年（861），施肩吾谢世于澎湖，享年 82 岁，他的族人后来将他移葬于故里罗慕山（洞桥花山）。

台湾著名爱国史学家、国民党荣誉主席连战的祖父连横，在所著《台湾通史》中，充分肯定施肩吾迁居澎湖的贡献。

施肩吾是著名道家理论家，也是著名诗人，一生著作甚丰，《全唐诗》存录有施肩吾诗一卷，共 197 首。人称其诗“新奇瑰丽，格高似陶，韵胜似谢，其品格当不在李杜下”。

6. 坦荡能干的北宋政治家李昭度

李昭度（968—1053），字光饶，北宋富阳人，详为今富阳区常安镇安禾村古城人。

李昭度为北宋初进士，景德元年（1004），任西染院使、驻舶兵马都监同提举苏杭，为人办事“进退动容之间，忠诚蔼然”。下属拜见，李昭度无论有多忙，都抽出时间及时接见，“重贤能廉，干办之不失尺寸”。乾兴元年（1022），升任殿中侍御史，他大刀阔斧肃振纪纲，官员们都佩服李昭度的坦荡直率。

宋仁宗天圣、景祐、庆历年间，李昭度升任右谏议大夫兼翰林学士、枢密副使、同中书门下平章事。当时人称赞他“详谳明决”，“洞悉幾微”。一旦朝政中出现难决之事，仁宗赵祯必定要征求李昭度的意见，而李昭度也每每能够从容应对，因此深得皇帝信任，被加拜为太子太师。

李昭度为南唐后主李煜的孙子，据说李煜死后归葬富阳常安月燕山吴驾坞。庆历元年（1041），74 岁的李昭度以年老辞官，定居家乡常安古城，携子孙“守奉先灵”。仁宗皇祐五年（1053），86 岁时病逝，生前“相知最深”的好友，著名政治家、文学家范仲淹为他作墓志铭。古城李氏子孙繁衍，人才迭出，后裔都以李昭度为始祖。

7. 清廉正直的宋代能吏李靴

李靴（1077—1153），字彦渊，宋代富春人，详为今富阳区常安镇安禾村古城人。

李靴为南唐后主李煜之后，祖父李勉、父李厚仁都是进士出身的朝廷命官，自幼聪慧，崇宁二年（1103）中进士，大观三年（1109）中博学宏词科。

宣和初，李靴出任广东市舶司提举（相当于海关关长），掌管广东口岸船舶出入与外贸税收。因为广州为宋代海外交通最繁盛的口岸，远来进行贸易的外国商船，大多集中于此，所以任广东市舶司提举，公认为肥差。但李靴在市舶司，一直保持着“居官廉直，珍货一无所取”的作风。当李靴将离任回京时，强盗们认为发财的机会来了，对他拦路打劫。但李靴的行装里面，除了一些替换的衣服和书籍之外，没有任何贵重物品。李靴的廉洁之名，从此传遍朝野。

李靴办事认真，廉洁奉公，在朝廷内的威望颇高。秦桧为了拉拢李靴，希望娶李靴的女儿为媳，李靴却嗤之以鼻，予以拒绝。秦桧又多次提出让自己的儿子拜李靴为师，李靴又不留情面地予以回绝。为了避祸，他主动要求外调地方做官。初任福建提刑，后调江东，所到之处，广受称颂，以左仆射兼门下侍郎致仕回归故里。

李靴退休后自号“去嗔居士”，所写诗作汇成《去嗔居士集》。绍兴二十三年（1153）病逝，葬于栖鹤万春山（位于今湖源乡寺口村）。

8. 公勤清慎的明代尚书赵新

赵新（约 1381—1461），字日新，号养斋，富阳灵峰里（今富阳区渔山乡）人。

赵新出身贫寒，少年时曾辍学务农，帮槽户人家抄纸为业。刻苦好学，明永乐三年（1405），考取举人，不久又入太学就读，并参与纂修《永乐大典》。

赵新历任工部屯田司主事，办理粮饷储运，筹划有方。宣德四年（1429），任吏部稽勋司郎中，任内以“公、勤、清、慎”著称。升吏部右侍郎。之后巡抚江西，致力于兴利除弊，一省之内，凡是官员考核，清理漕运，平均劳役，表彰廉洁，惩治贪污，赈济饥民等，都能悉心办理。十年之间，江西的吏治民风，变化显著。赵新本人也名声卓著，与当时的名臣于谦、周忱齐名。

明英宗时，宦官王振独揽朝政，朝廷中公卿大臣对王振百般逢迎，以图保全自己的功名利禄。但赵新与吏部尚书王直、兵部尚书邝埜、兵部侍郎于谦等忠臣，不愿阿附权贵，常与王振进行针锋相对的斗争。王振为排除异己，便捏造罪名，将王直、赵新等打入监狱。直至正统十四年（1449）发生“土木之变”，王振为乱兵杀死，赵新才得以出狱被重新起用。

赵新重新出山后，奉旨巡抚山东、直隶、凤阳等府，当时的明王朝，赋税和劳役繁重，连年发生自然灾害，贫苦农民纷纷逃荒。赵新召集逃亡农民，努力恢复生产，使百姓安居乐业，当地百姓“颂其德者，如出一口”。

明景帝景泰初年，赵新升任吏部尚书，不久告老还乡。

9. 抗击倭寇修筑上海城的明代“都堂”方廉

方廉（1514—1583），字以清，号双江，明新城城郭坊（今富阳区新登镇）人。

方廉自幼勤奋好学，昼夜苦读，不辞辛劳。嘉靖二十年（1541）中进士，去广东、湖南、江西三省之交的穷乡僻壤——南康府任推官。他不以为陋，尽心尽责，吏部考核获得“卓异”的好评。

嘉靖二十三年（1544），大学士徐阶以方廉卓有才干，推荐他出任自己家乡松江府知府。当时松江倭寇侵扰十分严重，方廉采取修筑城墙、深挖护城河的方法御敌。上海是松江下属重镇，富户较多，却无险可守。方廉就挨家挨户劝募，在他的感召下，有钱出钱有力出力，几个月内筑起了上海城。不久倭寇来犯，见城墙坚固，防卫严密，只得退走。方廉所筑最早的上海城，至今尚有部分古城墙遗迹留存。

嘉靖三十九年（1560），方廉升任右佥都御史、巡抚应天府，兼管粮储。当时江南一带兵灾水灾连年，民不聊生。方廉悉心治理，兴修水利，赈济灾民，向朝廷上疏请减赋税，上下称赞。不久升迁右副都御史，巡抚湖广，因得罪藩王，又被削职。

嘉靖四十五年（1566），穆宗隆庆皇帝登位，众多官员替方廉鸣冤叫屈，朝廷任命他为大理寺卿，不久又升迁都察院左副都御史，总督漕运，兼督抚淮扬各州府，后调任南京工部右侍郎。明朝中后期，政治黑暗，党争激烈，方廉感到无可作为，便请求告老还乡。因方廉是多年的省部级大员，民间便称他为“方都堂”。

退休回乡，方廉做了不少造福桑梓的事情。万历二年（1574），应新城知县温朝祚的聘请，出任《新城县志》总纂，为新登县编纂了一部详略得当、品质上乘的县志。帮助迁建文庙，整顿学宫，将县学迁到城北今新登中学处。带头捐输，主修了松溪、方家、南津等多处桥梁，大大方便了交通，受到百姓称颂。

10. 能文能武连中三元的清初武状元王玉璧

王玉璧（1617—1706），字楚珩，明末清初富阳人，详为今富阳区富春街道人。

王玉璧出身武职世家，13 岁开始向外祖父学习武艺，又好读经史，能沉稳临事，识见出众。明崇祯九年（1636），20 岁参加浙江乡试，中武解元。时值明清鼎革之际，后来未参与三科会试，被按例革去举人身份。

清顺治八年（1651），参加浙江武举乡试，获第一名（解元）。第二年参加会试，经过严格的武功考试和策论笔试，其“武艺超群，场内笔论，为文立论得体”，且写得一手好字，他的书法为“松雪体”，隽秀可爱，超越一般文士，故又获第一（会元）。随后殿试，再获第一（状元），连中三元，成为历朝武科连中三元的唯一人。被顺治帝钦定入选为一等侍卫，授正三品。

顺治十年（1653），王玉璧被外派任福建都督佥事。他亲自教练士卒，加强武备，教以野战之法，并令士兵屯田，以充实军储，多次击退郑成功军队的进攻，由军功升陕西延绥定边都督同知，后

任天津总兵，升为正二品。

王玉璧60岁告老还乡，回到富阳故居，自号“戟庐居士”，日以吟咏自娱，康熙四十五年（1706）无疾而终，封“振威将军”。

富阳是文化礼仪之邦，不仅孕育出众多的文豪大家，也不乏王玉璧那样的能武善战之人，历代富阳科考，能连中三元者，千余年来也只数王玉璧一人，实属不易。

11. 清廉勤能官声卓著的清代台湾兵备道周凯

周凯（1779—1837），字仲礼，号芸皋，清富阳坊郭里（今富阳区富春街道宜家弄）人。

周凯嘉庆十六年（1811）考取二甲进士，选翰林院庶吉士。在京期间，曾在同乡大学士董诰家一住十年，得益良多。后与同榜的林则徐、魏源、龚自珍等名流结成“宣南诗社”，为京都二十四诗人之一。

道光二年（1822），出任湖北襄阳知府，后擢升湖北汉、黄、德道。他重视文化教育和农业生产，创办义塾80余所，自捐官俸印刷启蒙课本，亲自劝农种桑养蚕，并从老家富阳运去桑树苗和蚕种，发动民工疏浚高阳池，受益农田1000多亩。打击犯罪，诉讼案件大多亲自审理，政绩显著，官声很好。

道光十年（1830），任福建兴、泉、永道，重视文教，兴办书院，深感厦门、金门处海防之重要，遂纂修《厦门志》《金门志》，对兵制、防海、船政等作了详述。周凯死后三年，鸦片战争爆发。英国侵略军舰队进窥金门、厦门，被闽浙总督邓廷桢和福建水师提督陈化成据险击退。

道光十三年（1833），周凯调任台湾道事，处理平息“张丙起义”的善后事宜，不久回任。十六年（1836），周凯再次入台，任兵备道。他兴办义学，培养和重用台湾本地人才，组织农民垦荒造地，以实现长治久安。朝廷考评，誉之为“通权达变，实为海疆不可少之员”。

道光十七年（1837），周凯积劳成疾，死于任所。死后身无分文，皇帝感其清廉，下旨用国库银两为他办了丧事。灵柩回归故里，葬新城大塘坞（今新登昌东村）。

周凯在台湾有很好的官声，清光绪《澎湖厅志》，认为周凯政绩卓著，无愧一代循吏。台湾著名学者连横所著《台湾通史》也把周凯列入《循吏传》。

周凯艺术上也有很高造诣，诗书画堪称三绝，遗著颇多，《武当纪游二十四图》已为传世名作。郁达夫对周凯这位前辈乡贤的文治武功非常敬佩，曾怀着敬仰的心情写成《记富阳周芸皋先生》，称“先生的绘画，也是清朝一代的名笔”“倘若天假以年，使先生再在台湾经营三年两载，或者这一块东海的大岛，日后不至于被外人夺去也说不定”。

12. 名满朝野的晚清“直隶第一清官”盛鸿

盛鸿（1818—1898），字蕉亭，清富阳庆善里（今富阳区上官乡）人。

盛鸿于清咸丰二年（1852）中举人，曾考取景山宗学教习，教

授清室皇族和八旗子弟。后历任直隶（今河北一带）肥乡、西宁、灵寿、完县、广昌、曲周、高阳、青县等知县，保安州知州。为官公明廉洁，被誉为同治年间“直隶第一清官”。

盛鸿居官廉洁奉公，并竭力减轻百姓负担。在灵寿县任知县时，衙署中不用门丁，亲自受理诉讼案件，批示、判牍不假幕僚之手代办，凡事亲力亲为。每值饥荒之年，则为民请命，停止赋役，并筹拨银米，以工代赈，多方设法赈济，救活了不少灾民。三年任满调往曲周县时，灵寿县百姓特制匾置牌相送。

盛鸿常微服简从，遍访民间疾苦。任西宁知县时，曾同邻县知县相约于某日会勘河堤。盛鸿只带一名老仆，早早坐柴车到达目的地，听取当地百姓对兴修水利之事的建议。邻县知县却带了 100 多名随从，骑马坐轿，官威十足。

盛鸿任劳任怨，勇于任事。第二次鸦片战争后，鸦片毒害更甚，肥乡县商贩以贩卖鸦片牟取暴利，许多农民也弃种粮食而种罂粟。盛鸿见此十分痛心，不顾不法之徒咒骂围攻，到处宣传鸦片危害，开展禁烟活动，禁止百姓种植罂粟，取得明显成效。肥乡曾发生蝗灾，他冒着酷暑，亲自到田间指挥灭蝗，受到百姓称赞。

盛鸿秉性刚直，不愿趋奉权贵。直隶总督李鸿章 70 寿诞，僚属祝寿，礼金动辄以银两千万计。盛鸿只身一人，不带随从，仅以几斤蜡烛一束挂面前往贺寿，以致被管门呵斥。任青县知县时，因禁逐流窜娼妓，得罪了李鸿章的手下，李鸿章对这个强硬耿直的知县很是无奈，盛鸿便以年迈为由，弃官告退还乡。

盛鸿告老还乡后，热心服务桑梓。他节衣缩食，将积余薪俸捐造石桥、凉亭各一座，资助乡里修桥铺路，经常为贫穷病人代付药费，为无钱读书学子代付学费，遇见不平，爱打抱不平。家居十年，以正直公道为乡里称颂。

# 四、学界翘楚艺林宗师有奇才

1. 盛唐杰出的书法家兼书法理论家孙过庭

孙过庭（约 645—约 702），名虔礼，字过庭，唐吴郡富阳（今富阳区灵桥镇）人。

孙过庭仕途坎坷，年届 40 岁，才做了“率府录事参军”的小官，不久遭人谗议丢官。孙过庭虽出身寒微，但操守高洁，年轻时就留心翰墨，丢官归家后更抱病潜心研究书法，撰写书论，可惜未及完稿，46 岁时因贫病交困，病逝于洛阳的客舍。

孙过庭著《书谱》并撰书，约完成于唐垂拱三年（687）。现存孙过庭书写的《书谱》纸本，共 3500 余字，真迹曾刻入《三希堂法帖》，现藏台北故宫博物院。

孙过庭博雅能文，尤工真行草书，更以草书擅名。他又善于临摹古帖，唐高宗曾说，孙过庭所书，足以迷乱羲献，达到真赝不辨的程度。

《书谱》对自汉至魏晋的各草书大家，如张芝、钟繇、王羲之、王献之，均有详述，并对书法理论提出了许多精辟的见解。孙过庭好友、唐代大诗人陈子昂曾作《祭率府孙录事文》，把孙过庭书迹比作曹魏时的钟繇。历代文论都对他推崇备至。现代人则将其著述和手书真迹视为双璧。

《书谱》皇皇大论，内容广博宏富，见解精辟独到，总结了书法艺术的本质和许多重要的规律，是我国古代书法理论史上一部具有里程碑性质的著作，也是我国书法史上的杰作。

2. 才华横溢影响深广的晚唐诗文大家罗隐

罗隐（833—910），本名横，字昭谏，自号江东生，唐新城人，详为今富阳区新登镇双江村人。从小勤奋好学，鸡鸣即起，新登城东鸡鸣山由此得名。

罗隐所处之时，唐王朝已走向衰亡，政治十分黑暗，这就注定了他乖蹇的命运。因为抨击时弊，批判社会，从 20 岁到 50 多岁，参加科举考试，他“十试不中”。大半生过的是仰人鼻息的幕僚生活，足迹遍及浙苏以至蜀陕，几及大半个中国。

光启三年（887），诗人对科举入仕完全绝望，投奔钱镠，为钱镠谋划赞襄。钱镠也对他礼敬有加，赞誉为“黄河信有澄清日，后代应难继此才”。任钱塘令、吴越给事中等，终于盐铁发运使任上，享年 78 岁，晚年尚算圆满。新登民间相传，鼍江上曾蒙有青白二气，待罗隐、杜建徽出，二气乃消，寓意两人一文一武，都为国家股肱之臣。

罗隐像

罗隐满腹经纶却怀才不遇，造就了对社会积习和朝政弊病进行批判抨击、嘲弄讽刺的文章诗风，为主流社会所不屑，却受到民间百姓喜爱。一生著作颇丰，计有小品文《谗书》5 卷 60 余篇，“几乎全部是抗争和愤激之谈”（鲁迅语），一度成为历朝禁书。诗集《甲乙集》收有诗 400 余首，充满对现实的批判意识和杰出的讽刺艺术才华，也多有警世之句，风格质朴，富有生活气息。

毛泽东主席十分喜爱罗隐诗作，对所藏《罗昭谏集》《甲乙集》，反复诵读，画有浓圈密点者，有 90 余首，并手书《筹笔驿》《自遣》。对他的政治军事才能也颇赞赏，在阅《通鉴纪事本末》时批注“昭谏亦有军谋”[1]。江泽民总书记在中纪委全会上，曾引述罗隐诗句“国计已推肝胆许，家财不为子孙谋”，以此告诫各级领导干部。

罗隐在民间影响深广，全国各地都有他的传说故事，在江南一带，“罗衣秀才”“讨饭骨头圣旨口”的故事几乎家喻户晓，罗隐的铮铮风骨和睿智，为人民群众喜闻乐道。

3. 牵起北宋政坛文坛的谢家三代六进士

北宋年间，富阳谢家连续三代出了六位进士，并和当时政坛文坛的诸多名人有着密切的联系，影响深广。

第一代两进士为谢涛、谢炎兄弟。

谢涛（960—1034），字济之，北宋初期著名诗人，文学家、军事家。淳化三年（992）中进士，历仕太宗、真宗、仁宗三朝，官至秘书监、太子宾客。为人行事谦让，与范仲淹、欧阳修等结为好友，诗作酬唱很多。为官政声颇佳，不惜为百姓利益犯上辞官，75 岁逝世，归葬富阳，朝廷追赠礼部尚书，范仲淹为他作神道碑，欧阳修为他作墓志铭。

长子谢绛，《宋史》为其列传。二女婿梅尧臣，被誉为宋诗“开山祖师”，对开拓宋代诗风作出了重要贡献。

谢炎（961—997），太宗端拱年间进士，做过华容、公安两县知县，颇有文名，和杭州的另一位神童卢稹合称“卢谢”，可惜两人都英年早逝，宋史有传。

---

① 中共中央文献研究室编：《毛泽东读文史古籍批语集》，中央文献出版社，1993 年。

第二代进士谢绛（994—1039），字希深，曾在旧居筑小隐书室，北宋仁宗时期政坛和文坛上的一位著名人物。“谢范梅欧”一时齐名，说的就是谢绛、范仲淹、梅尧臣、欧阳修，为宋初文坛领袖，推动了文学史上的“古文运动”，一改晚唐五代虚浮华丽的文风，建立起清新质朴、刚健爽朗的文风。谢绛46岁卒于邓州知州任上，百姓都去灵堂哭祭。清廉正直，乐善好施，以至家无余资。归葬富阳，欧阳修撰墓志铭，王安石写行状。

谢绛与范仲淹为同科好友，大中祥符八年（1015）进士，景祐元年（1034），范仲淹被贬梅城任睦州太守，赴任途中，专程来富阳，留下一首《留题小隐山书室》。“何须听丝竹，山水有清音。”诗的尾联两句，已成为富春江的代言词了。

第三代进士，谢景初、谢景温、谢景平。谢绛的四个儿子，三个中了进士；六个女儿，二女婿王安礼，系王安石弟，三女婿王存，后为左丞相。

谢景初（1020—1084），字师厚，号今是翁，谢绛长子，庆历六年（1046）进士，经范仲淹推荐任余姚知县，为官政绩卓著。初与王安石为好友，安石写有《余姚县海塘记》，赞扬景初勤政爱民的功德，还为景初早逝的母亲写过《仙源县太君夏侯氏墓碣》。后因政见不合，景初反对王安石变法，被免官退休。

谢景初诗名颇盛，与欧阳修是连襟，女婿是黄庭坚。中国造纸史上名气很大的“谢公笺”，传说为他所创制。

谢景温（1021—1097），字师直，皇祐元年（1049）进士。

谢景温任会稽知县时，谢景初知余姚、王安石知鄞县、韩缜知钱塘，被朝野称誉，号称“浙东四贤”。景温历仕四朝，做到二品大员，被称为“吏师”。

景温支持王安石变法，曾为整倒反对变法的苏轼，诬告苏轼回四川奔丧时一路贩卖私盐，这成了谢景温一生的污点。但他既为新党所器重，也和范仲淹、欧阳修等旧党人士交好，一直在政坛风生水起。

谢景平（1032—1064），字师宰，皇祐五年（1053），22 岁即中进士，33 岁英年早逝，生平事迹留下不多。从欧阳修《谢景平挽词》中“东山子弟家风在，西汉文章笔力豪”的诗句，可以豹窥其人其文也颇不平凡。

4. 孝善楷模世受尊崇的南宋大孝子周雄

周雄（1188—1211），字仲伟，南宋新城人，详为今富阳区渌渚镇六渚村人。

周雄出身于小商人家庭，其父名待考，母汪氏。年少丧父，与母亲相依为命，遇事明理，乐于助人，小小年纪便孝礼可嘉，为乡人所称赏。稍长则习研医术，救危扶困，造福乡民。

民间至今流传着许多周雄奉母至孝的故事，如寒冬冒雪赤足下塘徒手捕鱼，以养病母，嘴吮母亲蛇毒。他 12 岁即经商赚钱，将本地土特产经渌渚江、富春江，运到金华、衢州一带，再捎回货物销往新城、富阳，以此赡养老母。每次外出，总为家中无人照料母亲而担忧。

周雄乐善好施，无论在家乡，还是在衢州经商地，时有舍己救人行为，为人称颂。嘉定四年（1211），他赴衢州经商，突接家书，称老母病重，便连夜赶回，因风高浪急，舟船倾覆于江而逝，时年24岁。衢州百姓感念周雄善行厚德，捐款集资，将他厚葬于当地，并建祠立庙。后其母汪氏闻得噩耗，亲往衢州取回周雄右手食指，归葬于渌渚方家坞。渌渚乡民感念周雄的纯孝良善，又在江边建造了孝子祠，予以祭祀。

作为著名的孝子，周雄受宋、元、明、清四朝六位皇帝十一次封敕。明弘治四年（1491），明孝宗加封周雄为显灵王，清雍正三年（1725），雍正皇帝加封周雄为运德海潮王。明清以往，江南各地多有周雄传说故事流布，府县也多有周王庙、孝子庙。明《衢州府志》将周雄事迹收录；清初，周雄已被神化为钱塘江的航运保护神。

今富阳渌渚有周王庙（周显灵王殿）、孝子湾公园和周雄纪念馆，周雄孝子祭已被列入国家级非物质文化遗产保护项目。

5. 晚清金石篆刻艺术大师胡震

胡震（1817—1862），初字听香、听茗，后更字伯恐，号鼻山，因钦慕黄公望，曾久居大岭山，而大岭山又名胡鼻山，故自号胡鼻山人，别号富春大岭长，清代富阳庆护里人，详为今富阳区环山乡诸家坞人。

胡震生于书香之家，少年时代即以“能书”称，却无意科举仕途，因醉心金石，行走于嗜古、博古、篆刻之路，勤于艺事。又甘愿清贫，备尝生活艰辛，曾漂泊游历于杭州、湖州、苏州、上海等地访友求艺，搜求文物、碑帖及各类拓本。他凭着执著的秉性，丰富非凡的阅历，加之几十年如一日的修炼，在艺术上达到了很高的境界，并名闻学界，成了当时浙派篆刻界的佼佼者。

至晚清，金石学发展，逐渐形成了浙派篆刻，钱松等八位仁和或钱塘籍人士更号称“西泠八家”。胡震是富阳人，虽不在“西泠八家”之列，但在当时的浙派篆刻界，被公认为与钱松齐名。他与钱松惺惺相惜，为莫逆之交。钱松曾为胡震治印多达 70 余方，后人所辑《胡鼻山人印谱》也将胡、钱二家的印合编在一谱。

胡震的书法师法魏晋，精研唐宋，艺术造诣很高。他与钱松对后世金石篆刻艺术的发展影响深广，近代艺术大师、西泠印社首任社长吴昌硕对两人非常推重。当代书法家、西泠印社第四任社长沙孟海说，胡震“篆刻与钱松齐名”，“吴俊卿（昌硕）论近世印，极推重胡、钱二家”。

6. 崇文重教服务桑梓的近代乡贤蒋敬时

蒋敬时（1854—1926），字耐溪，清末民初富阳人，详为今富阳区大源镇新关村人。

蒋敬时清光绪十九年（1893）中举人，当时政府为培养人才，选拔了蒋敬时、章太炎等一批俊才，入俞樾主持的杭州诂经精舍学习，学业日进。

蒋敬时先后任永嘉、分水县学训导，常山、武义县学教谕，在任时奖掖后进，不遗余力。光绪二十三年（1897），应富阳知县汪文炳之聘，重修《富阳县志》，至光绪三十一年（1905）成书，计

24卷16册，后人称“汪志”或“光绪志”，流传颇广。辛亥革命后，退归乡里，从事教育和著述。

民国二年（1913），蒋敬时痛感“落后挨打、愚智受欺”，立志教育救国，与族人发起创办“美新小学”，这是富春江南岸第一所新式高等小学，以实施三民主义、促进世界大同为办学理念，办学经费主要来自族人捐赠，仅收取少量学杂费，贫困学子则全免费用。办学业绩一度为全县之冠、全省前三。培养出蒋伯潜、蒋祖怡、蒋绍愚、蒋玄怡等名闻中外的诸多学者。

蒋敬时晚年常与当地文士蒋润霖、陆晋钦、朱葆儒等，至灵桥灵岩寺（又名南山院，创建于后汉乾祐二年），与方丈静山赋诗论文，并刊有《南山酬唱集》行世，时人称为“南山五老”。

蒋敬时平生以名节自励，中怀坦率，乡人都喜欢与之交往。经学辞章颇佳，尤致力于考据、训诂之学，著有《周礼释例》《尔雅辨伪》《耐庐烬余诗文集》等，颇受乡民称道。

7. 享誉海内外的近代爱国思想家教育家夏震武

夏震武（1854—1930），又名震川，字伯定，号涤庵，富阳灵峰里石塔坞（今富阳区里山镇）人。

夏震武出身书香门第，自幼聪慧好学，同治十二年（1873）中举，次年成进士，光绪六年（1880）授工部营缮司主事。

夏震武是一位忠贞的爱国主义者。他对晚清政府割地赔款、损害国家主权的一切行为感到愤慨，反对屈辱求和。1878年沙俄占伊犁、1900年八国联军攻陷北京，他曾多次上书清廷，弹劾权贵。

失望之余，1901 年告病还乡。

夏震武又是一个极端的保皇守旧派。洋务派举西学，康有为、梁启超倡变法，改良派讲君主立宪，孙中山搞革命，他一概反对，对于新文化运动更是极力扼杀。1909 年夏震武任浙江教育总会会长、浙江两级师范学堂监督期间，发生了两级师范学堂风潮，压制鲁迅等民主进步力量，史称“木瓜之役”。失败后再次告病回乡。

夏震武更是一位大学问家和教育家。辛亥革命后，他以清朝“遗老”自居，束发古装，在故里潜心讲学，一边倡导尊孔读经，讲授程朱理学，一边精研儒家理论，整理国粹。民国七年（1918），学生刘可培等募资在里山隐岩岗建起了“灵峰精舍”，学生门徒遍及全国，王九龄后为北洋政府教育总长，周钟岳为国民政府内政部长，更有不远万里来自日本、朝鲜、越南等国的学者。灵峰精舍成为传播爱国主义和弘扬中国汉学文化的中心。

夏震武治学严谨，著作等身。《中国近代思想家文库·夏震武卷》（中国人民大学出版社，2015 年）收录了他的主要著作。

郁达夫对夏震武这位前贤的民族气节和爱国精神，保持着高度的敬意。在《钓台的春昼》中说：“夏灵峰先生虽则只知崇古，不善处今，但是五十年来，像他那样的顽固自尊的亡清遗老，也的确是没有第二个人。比较起现在的那些官迷财迷的南满尚书和东洋宦婢来，他的经术言行，姑且不必去论它，就是以骨头来称称，我想也要比什么罗三郎郑太郎辈，重到好几百倍。”

# 五、代有人物各领风骚看今朝

## （一）革命志士

### 1.“司法界抗日牺牲第一人”的法官烈士郁华

郁华（1884—1939），字庆云，号曼陀，富阳满洲弄（今富春街道达夫弄）人。

郁华曾留学东瀛多年，法学造诣颇高。1932 年，郁华出任江苏高等法院第二分院刑庭庭长，主管上海英租界的刑事诉讼案件，多次坚拒日本侵略者的利诱和恐吓，坚持爱国立场，主持正义。营救了陈修良、廖承志、田汉、阳翰笙等许多革命志士和共产党人，惩处汉奸，被当时上海报刊称作“廉吏”与“青天”。1939 年 11 月 23 日，在上海寓所门前遭到预先埋伏的日伪特务暗杀，胸部连中三弹，当场身亡。1952 年 10 月，中央人民政府追认郁华为革命烈士。

郁华工诗擅画，他深厚的学养和艺术才华，给胞弟——郁达夫和长女——著名画家、散文家郁风以深远影响。

郁华酷爱家乡山水，富阳人民将他的血衣埋在富春江畔的鹳山，忠魂依依永绕富春。郭沫若撰写《郁曼陀先生血衣冢志铭》，以“石可磷而不可夺坚，丹可磨而不可夺赤。谁云遽然而物化邪？凝血与山川共碧”之句，高度赞颂郁华的高贵品质。

2. 文精武壮须眉不让的抗日英雄孙晓梅

孙晓梅（1914—1943），富阳龙门（今龙门镇）人。

孙晓梅自幼聪颖，喜读诗书，受北伐战争后反封建思想的熏陶，向往民主和进步。1938 年 10 月，孙晓梅带领本村 4 名进步青年，化装成探亲难民，步行至皖南泾县参加新四军，光荣加入中国共产党。历任中共镇丹县委妇女部长、中共武进县委妇女部长等职。

孙晓梅像

1943年4月27日，孙晓梅接受了护送我党干部北渡长江的任务。在完成任务返回时，她不幸被俘。日本宪兵小队长设宴“款待”，企图软化诱降。孙晓梅拍案而起，大声斥骂日寇罪行，愤然掀翻酒席。恼羞成怒的日本鬼子转而对她严刑拷打，深夜把她押到老虎山坳，惨绝人寰地剐掉她的双乳，残酷杀害了她。牺牲时孙晓梅年仅30岁，其事迹陈列于南京雨花台革命烈士纪念馆。

孙晓梅极具文才，留下大量闪烁着绚丽思想火花的信件、日记和杂文。她一生追求男女平等，可以说是我国现代史上妇女解放运动的先驱者之一。当年与烈士共事的著名经济学家薛暮桥曾书诗一首，以志怀念：“二十年华运幄帷，文精武壮女中魁。昔日洒下一腔血，今朝腾起千枝梅。”

3. 坚韧不拔铁骨忠魂的抗暴司令蒋忠

蒋忠（1911—1948），原名章仲尧，又名章尤坚、章伊，富阳木坞口村（今常绿镇木坞村）人。

蒋忠家贫，少年辍学。12岁赴萧山县楼家塔学雕花手艺，受党教育，于1930年初入党，参加诸暨农民武装暴动。次年5月因叛徒出卖被捕，囚禁于浙江陆军监狱。出狱后，千方百计与党组织取得联系，先后担任中共浦江县委书记、中共富阳县委特派员等，为新四军金萧支队领导成员。抗战胜利主力北撤后，坚持原地斗争，先后任路西地工委委员、路西县委书记兼县长等职，为建立和发展金萧路西游击根据地作出重要贡献。

1947年6月会稽山人民抗暴游击司令部建立，蒋忠任副司令员，指挥中余、盛村等大小战斗69次，粉碎国民党的“八县围剿”和“五县围剿”。1948年6月17日与敌遭遇，不幸中弹牺牲。残暴的敌人，竟割下英雄的头颅，挂在县城恩波桥头……

蒋忠烈士被金萧地工委授予“顽强工作的模范”称号，其英勇斗争故事在民间广为传颂。

**（二）文化学者**

1. 风骨铮铮特立独行的著名学者作家何满子

何满子（1919—2009），原名孙承勋，1940年起以笔名何满子行于世，孙晓梅烈士胞弟，富阳龙门镇人。

何满子早年受私塾教育，被人称为“神童”。新中国成立后，在上海震旦大学文学院任教授。

何满子的一生可谓受尽磨难而又百折不挠、卓有建树。1955年受“胡风反革命集团”案牵连被捕。1958年全家迁往宁夏。1960年再次遭逮捕，1962年获释。

1964年起何满子任上海古典文学出版社编辑，1983年起任上海古籍出版社编审，至1990年退休，笔耕不辍，先后治古典小说、现当代文学和文艺理论、中国思想史和民俗学研究，出版专著及杂文随笔30余种。他一生敬仰鲁迅，笔墨辛辣，以特立独行的为人和行文风采享誉学界和文坛，成为当代著名学者和作家，获得首届鲁迅文学奖杂文奖。

何满子热爱家乡，为龙门题词“来这里，读懂中国”，表达了对故乡深深的敬意和眷念之情。

2. 倾情文教事业的著名学者教育家蒋伯潜

蒋伯潜（1892—1956），名起龙，又名尹耕，字伯潜，富阳大源镇新关村人。

1915 年夏考入北京高等师范国文系，受钱玄同、胡适、鲁迅诸名师熏陶，毕生倾情于文化教育事业。历任浙江省立第二中学教员、校长等教职。1925 年，为响应北伐，以一介书生积极参与策动浙江省省长夏超起义。1927 年，任《三五日报》主笔，抨击时政，文名鹊起。后任教上海大夏大学、无锡国学专修学校。

抗战初因上海沦陷，蒋伯潜回乡从事著述，曾任富阳县立中学教员。抗战胜利后，任上海市立师范专科学校中文系主任，1948 年出任杭州师范学校校长。新中国成立后，任浙江图书馆研究部主任，当选为杭州市、浙江省第一届人大代表。1955 年任浙江文史馆馆员。1956 年逝世。

蒋伯潜于经学、文学、校雠目录学等均造诣精深，多有著述，著有《经与经学》《十三经概论》《中学国文教学法》等。他所著的《四书读本》，是民国时期国学出版的盛典之一，为学界公认的权威之作，曾在台湾地区作为国学基本教材使用。用小说体例撰写的《字与词》《章与句》等著作，通过人物情节将抽象的文体知识予以展示，风格独特，耐人寻味。

**（三）科技大家**

1. 我国环节动物学的奠基者杰出动物学家陈义

陈义（1900—1974），乳名柏根，族名瑞麒，学名宜丞，富阳新登镇湘主人。

陈义从小勤学善读，做过牧童，以“好学不倦”出名。1920 年毕业于浙江第一师范学校，考入厦门大学生物系，1932 年留学美国宾夕法尼亚大学，获理学博士。回国后任中央大学动物学教授兼博物系主任。新中国成立后，历任南京大学生物系一级教授，中国动物学会理事，中国动物学会江苏省分会理事长，《辞海》编委，江苏省第三、四届政协委员。

陈义治学近痴，为观察跳蚤习性，竟将跳蚤培养在手臂上，以自己的鲜血饲养。他悉心研究中国寡毛类动物，为中国环节动物学奠定基础。著作等身，多部专著为全国高等院校教材，主编《中国动物志·环节动物》，有“蚯蚓博士”美称。

陈义热诚关注家乡教育。早年从美归来，他就将节衣缩食省下来的 1000 元大洋捐献，作为福光中心小学奖学基金。又多次购田，设置“奖学田”，资助同乡子女上学。而自己生活极其俭朴，家中常备针线盒，自补衣裤。1974 年逝世后，家人遵嘱将他的骨灰安葬于家乡马鞍山脚，其热爱家乡和勤学故事在乡间多有传布。

2. 我国新生代古地理学的奠基者杰出地理学家周廷儒

周廷儒（1909—1989），富阳新登镇松溪官塘村人。

1933 年，周廷儒以优异成绩毕业于中山大学地理系，先后在中山大学、西南联大、复旦大学任教，并任中国地理研究所副研究员。1946 年，留学美国加州大学伯克利分校。新中国成立后，即于 1950 年毅然回国，任北京师范大学教授，兼任中国科学院地理

研究所研究员。1980 年当选为中国科学院地学部委员（院士），历任中国地理学会副理事长、九三学社第七届中央委员等职。

周廷儒从事教学、科研历 50 年，于地貌学、古地理与自然地理学造诣甚深，尤以研究中国新生代地理学、干旱区地貌学成绩最为突出，为中国新生代古地理学奠基者。所撰《中国自然地理·古地理》荣获国家自然科学二等奖、中国科学院科研成果一等奖。

周廷儒素性耿直，待人宽厚，学风严谨，热爱家乡，深受学界崇敬与爱戴。遵照遗愿，部分骨灰安葬于新登城南的贤明山麓。

3. 赤心报国摘取军事医学皇冠的杰出生化药理学家周廷冲

周廷冲（1917—1996），富阳新登镇松溪官塘村人。

1935 年考入上海医学院，1945 年考入英国牛津大学，获药理学博士学位，后赴美国康奈尔大学、麻省理工学院深造，得到两位诺贝尔奖获得者索姆纳、李普曼教授的指导。当新中国成立的消息传到大洋彼岸，周廷冲与妻子黄翠芬（1921—2011，中国工程院院士），毅然放弃在美国优厚的待遇和大好科研前程归国。为了冲破美国当局的封锁和重重阻力，他们与船老板达成“生死自负”的协议，搭乘不需签证的货轮，经海上 56 个日夜的艰辛漂泊，于 1950 年回到祖国怀抱。他不仅不领国家补给的旅费，还将带回的一批研究仪器无偿献给国家。

周廷冲从事神经病毒“梭曼”的研究，获 1987 年全军科学进步二等奖、国家自然科学二等奖。他领导有机磷毒物的生化机理研究，有 7 项成果处于国际领先地位。1980 年当选为中国科学院学部委员（院士），担任军事医学科学院学术委员会主任等多项要职。

周廷冲是我国军事医学研究领域的开拓者和杰出代表，被誉为“把毕生献给祖国，并摘取军事医学领域皇冠”的著名军事医学家。

4. 医德高尚正骨方技独树一帜的苍生大医张绍富

张绍富（1922—1992），富阳场口镇上图山村人。

张绍富 13 岁随父行医，专研骨伤科。1960 年在东梓关创办东图联合医院。1985 年，担任富阳中医骨伤科医院名誉院长。

张绍富勇于探索，医术精湛，从医 50 余年，总结出 50 余种徒手正骨手法，“一句话工夫”就能稳、准、巧地将断骨复位，革新祖传的“杉树皮小夹板固定治疗骨折”方法和“百草膏”等，使祖传医术发展成为理论体系完善、学术内涵丰富、疗法独树一帜的中国骨伤科重要学术流派，在国内外享有崇高声誉。

张绍富医德高尚，仁心妙手，为世人称道，是富春张氏正骨术第四代传人，中国中医研究院骨伤科研究所客座研究员，浙江省名老中医，名满江浙沪等广大地区，被誉为“富春江畔活华佗”。

**（四）文艺大师**

1. 反法西斯志士、现代文学大师、“富阳脸面”郁达夫

郁达夫（1896—1945），名文，字达夫，小名荫生，富阳满洲弄（今富春街道达夫弄）人。

郁达夫青年时期留学日本，1921 年，与郭沫若、成仿吾等人组织创造社，担任《创造季刊》《创造月刊》《洪水》编辑，同年 10 月，出版我国现代文学史上第一部白话短篇小说集《沉沦》，由此

郁达夫像

奠定了在新文学运动中的重要地位。他首创了自传体小说这种抒情浪漫的文学形式，对中国文坛产生深刻影响。

1938 年，郁达夫赴武汉参加抗日宣传工作，并当选中华全国文艺界抗敌协会常务理事。年底，他应邀赴新加坡办报并从事宣传抗日救国，星洲沦陷后流亡至苏门答腊，化名赵廉，以开酒厂为掩护继续革命工作。其间，利用职务之便暗中救助、保护了大量文化界流亡难友、爱国侨领和当地居民。1945 年 8 月 29 日，被日军杀害于苏门答腊岛丛林，终年 50 岁。1952 年，中央人民政府追认其为革命烈士。

郁达夫极富民族气节，是一位伟大的爱国者，也是“五四”以来新文学运动的开拓者和著名作家，著有诗词、小说、散文、评论等作品约500万字。我国著名政治活动家、出版家胡愈之曾言：在中国现代文学史上，将永远铭刻着作家郁达夫的名字；在中国人民反法西斯战争胜利的纪念碑上，也将永远铭刻着烈士郁达夫的名字。

“碧桃三月花如锦，来往春江有钓船”是郁达夫回忆家乡的名句。爱乡至深的他曾自刻两枚印章：“家在富春江上”“我是春江旧钓徒”。当代文学大家麦家对这位前辈乡贤充满敬意，曾将富春江喻为富阳的右脸，将郁达夫喻为富阳的左脸。

2. 人如白玉戏如兰的著名越剧表演艺术家徐玉兰

徐玉兰（1921—2017），富阳新登人。

徐玉兰自小痴迷越剧，1933年进入新登东安舞台科班习花旦，后改小生。1941年，在上海老闸戏院首演《盘夫索夫》，一炮打响，成为头肩小生。1944年秋，与“越剧皇后”筱丹桂在上海美华大戏院上演《是我错》一剧，轰动上海，自此被公认为沪上越剧三大名小生之一。

新中国成立后，徐玉兰积极参与越剧改革，并于1952年参加中央军委总政治部文工团越剧队，在第一届全国戏曲观摩演出大会上以《西厢记》获演员一等奖。1953年，她加入中国人民志愿军，率越剧队跨过鸭绿江奔赴抗美援朝前线慰问演出，荣立二等功。

徐玉兰嗓音嘹亮，唱腔除继承越剧传统老调外，广泛吸收京、绍、杭等剧种的声腔成分，具有高昂激越的特色，开创了越剧徐派。在越剧的小生流派之中，徐玉兰的声腔最为阳刚，又不失越剧本体的

隽永和优雅，为我国广大越剧爱好者推崇和喜爱。

徐玉兰热爱家乡，关爱家乡文化事业发展，是国家第二批非物质遗产项目代表性传承人，获“百年越剧特殊贡献艺术家”和中国戏剧终身成就奖。

3. 开创流派享誉世界文坛的当代杰出文学家麦家

麦家，生于 1964 年，本名蒋本浒，富阳大源镇蒋家村人。

1981 年从军，先后毕业于解放军工程技术学院和解放军艺术学院，现任中国作家协会副主席。

麦家勤于创作，著有《解密》《人生海海》等长篇小说 6 部，中短篇小说 60 多部，散文 200 余篇，剧本 150 多集（部）。

麦家

小说《解密》英文版，是继鲁迅、钱钟书、张爱玲作品后，唯一入选英国“企鹅经典”文库的中国当代小说，被誉为“史上最杰出的20本间谍小说”之一，被译成30多种语言在世界各国出版。《暗算》获第七届茅盾文学奖，《风声》获第六届华语文学传媒大奖，《人生海海》出版两年多来，纸书已售230余万册，成为当今出版界奇迹。

麦家小说具有奇异的想象力和独创性，人物内心幽暗神秘，故事曲折传奇，充满悬念，被誉为“中国特情文学之父”“谍战小说之王”。根据《暗算》和《风声》改编的影视作品，成为中国当代谍战影视狂潮的开山之作。

麦家曾以文化使者的身份，随李克强等党和国家领导人出访世界各国，传播中国文化。他为中国、为富阳赢得了世界性声誉。

第五章

# 帆影随风过富阳

——吴刚强

此地是富阳。

富裕的富，阳光的阳。

一座两千多年历史的江畔古邑。

远山衔春色破晓，老舟新舸知多少？

古城外贤明夕照，夜雨打湿了老桥。

大雁在中沙歇脚，江洲的白鹭弄潮。

樟岩的雾，鹤岭的云，牵牵绕绕。

杨柳岸长堤戏浪，夕阳楼郁宅望江。

饮一盏安顶茶香，画一幅泼墨公望。

山水间渔歌晚唱，曲调古老的悠扬。

苋浦的归帆两行，读来是游子模样。

花坞边一抹斜阳，烟波里浮沉的离殇。

富春江上，是我们的家乡。

# 一、秦时风物晋山川

富阳古称富春，雍正《浙江通志》卷五中说："富春江在邑南，即浙江之上流，盖以此名。"当然，究竟富春县因富春江而得名，还是富春江因富春县而得名，这个问题就像是"先有鸡，还是先有蛋"一样，仁者见仁，智者见智。不过，富阳与富春江唇齿相依，互相成就了对方，却是不争的事实。

富春江，这条美丽的碧玉带，一脉灵秀，在富阳境内绵延百里，"奇山异水，天下独绝"。在江的北边，天目山余脉绵亘不绝；在江的南边，仙霞岭余脉蜿蜒起伏。江南江北山水相依、两山夹江遥相呼应，于是自古留下了"天下佳山水，古今推富春"之说。

如果我们乘一叶轻舟随波而下，一路之上只见两岸青山葱茏华滋，沙洲河谷自然天成，田园村庄悠然自得，无处不散发着江南水乡的迷人风韵。

富春江与长江、漓江并称为中国三大山水风光带，1982 年被国

务院批准列入第一批国家级风景名胜区名单，2013 年又被国家水利部评为“富春江国家水利风景区”。

富阳，它就像是一个被山水神韵雕琢出来的天然盆景，内敛，安静，且惬意。这座从《富春山居图》里走出来的城市，从来都不缺少诗意栖息的因子。

春时，半山桃花遍野，安顶云雾茶香；夏时，新沙荷莲映日，王洲渔舟唱晚；秋时，杨家银杏金黄，渔山稻谷满仓；冬时，桐洲江渚烟岚，龙门宗祠霁雪……富春江两岸众多的岸线沙洲、低丘缓坡、田园山水、湖泊河流“遗世而独立”，赋予了富阳独特的城市气质。于是，富阳人的生活也就有了得天独厚的舒缓与悠然。

看吧，无论是在石板路上行走的过客，还是农家小院中憩息的老人，他们的脸上都带着一种不急不躁的从容。这种不事张扬的从容和恬淡，恰恰就是富阳独有的城市气质，是富阳吸引无数隐者定居于此的独特魅力。

严子陵的一根钓竿，钩住了烟雨，留住了风月。黄公望用枯笔淡墨轻写，让富春与山居结下了不解之缘。

当然，这里不仅仅有着钟灵毓秀的山山水水，不仅仅有着穷尽一生都难以描绘的诗情神韵，更有着温情脉脉的人间烟火。

富阳人的周末大概是这样度过的。

早晨，用一盘生煎一碗豆浆唤醒沉睡的胃。中午，在富春江边上露营、野餐，吹着和煦而湿润的江风，或带着孩子在阳陂湖畔放风筝，或与家人跑进湖源山里摘妙子（覆盆子和山莓，富阳人统称妙子）。下午，在黄公望隐居地附近找一户农家乐喝喝茶打打牌。傍晚，在江边的鱼市中挑上两尾新鲜的鱼，不管是汆汤还是红烧都十分入味。入夜，或在江边散步夜跑，或在东吴公园门口打羽毛球，或在儿童公园里跳广场舞，富阳的夜总是充满了活力与热情。夜渐渐深了，文教北路两侧的夜宵店里开始热闹起来，炒上一盘螺蛳，烤上几串白里脊，在微醺的晚风中缓缓醉去。

不仅仅是生活在富阳的当地人，就连外地人到了富阳之后都不愿意走了，都说富阳太适合生活居住，温暖又舒适。八大山人说："比之黄一峰，家住富阳上。"张大千说："平生低首黄公望，结宅应须住富春。"更多的人说："爱上这座城，眷恋其一生。"还有的人说："有一种幸福，叫我在富阳。"

2020—2022 年，富阳连续三年被评为"中国最具幸福感城区"，这是实至名归的。

更为神奇的是，东经 120 度和北纬 30 度，这两条神秘的经纬线在富阳交汇。东经 120 度线，是人们熟悉的"北京时间"基准线；北纬 30 度线上分布着埃及金字塔、百慕大三角、雅鲁藏布大峡谷、喜马拉雅山、神农架、三星堆、河姆渡等历史人文景观。这样的经纬度整交点在中国境内只有 13 个，在大陆平原地区，人们可以零距离亲密接触到的更是只此一处。1995 年 10 月 5 日，国家测绘局批准在富阳大源镇建立我国第一个经纬度整交点数字塔。

就在经纬度整交点的附近，一个叫瓦窑里的地方，最早的富阳居民已经开始了渔耕狩猎的生活。这可以追溯到 6000 年前，也就

是崧泽文化晚期至良渚文化早中期，古老的祖先在富春江边上定居了下来。从遗址中发掘出来的文物来看，老祖宗们的生活过得还算是不错，并且已经形成了不小的村落。

瓦窑里遗址空前地推进了富阳历史文化的纵深，让我们对富阳的起点有了一个重新的认识。它确认了富春江两岸沿江区域是浙江史前文化的重要组成部分，这里可能是良渚文化向浙西南传播的一个通道，对认识和复原富春江流域史前社会的发展过程，及其在整个浙江史前文化的区域性地位具有重要意义。

不仅如此。

瓦窑里遗址出土的文物从新石器时代到商周、唐宋元明清时期都有。很显然，这里一直都是一处稳定的聚落区，所以我们说，瓦窑里遗址是富阳的一部“通史”。

山环水抱的富阳，境域内阳光充足、土壤肥沃、植被良好，气候、气象条件十分适于人类开展生活和生产活动。除瓦窑里遗址外，高桥毛竹山、场口鸡山、东洲白鹤桥等地出土的石镞、石斧、石刀、石镰等文物也表明，早在新石器时代，先民就在此繁衍生息。场口镇尖山、锣鼓山一带出土的矛、剑、钺等青铜器文物表明，春秋至战国时已有军事或武术活动。

在春秋时期，富阳属于越国。吴王夫差在打败越王勾践之后，将富春赏赐给了最大的功臣孙武。

雍正《浙江通志》记载：“富春孙氏，吴将孙武食邑富春，遂居焉。”《新唐书·宰相世系表》中则说，孙武有三个儿子，其中第二个儿子孙明食邑于富春，于是世为富春人。

由此可见，在春秋时期，富春就已经置县了。

后来越国灭了吴国，再后来楚国灭了越国，富春就被纳入楚国的疆域。在西安市文物中心，收藏有一只战国中期楚国的青铜器，名叫“铜甑”。这只铜甑腹外有铭文两处，有专家考证，其中一处铭文写着“富春大夫”，另一处铭文写的是“富春大夫其冢钧也”。“冢”是“重”的通假字，后面这句话的意思，就是这只铜甑大概有一钧重。

在战国时期，县邑的长官称为大夫。如果这个铭文无误的话，那么说明最迟在战国时期，就已经有富春这个县名了。

秦王政二十六年（前 221），秦始皇统一中国，分天下为三十六郡，其中会稽郡辖二十六县，富春为其中一县。其时，富阳之域包括今桐庐、建德等地。

始皇三十七年（前 210），秦始皇南巡会稽。

铜甑及铭文

对于秦始皇的这一次出巡，《史记》上是这样记载的：“三十七年十月癸丑，始皇出游。左丞相斯从，右丞相去疾守。少子胡亥爱慕请从，上许之。十一月，行至云梦，望祀虞舜于九嶷山。浮江下，观籍柯，渡海渚，过丹阳，至钱唐。临浙江，水波恶，乃西百二十里，从狭中渡。上会稽，祭大禹，望于南海，而立石刻颂秦德。”

清光绪《富阳县志》引《耆旧续闻》云：“所谓狭中者，即今富阳绝江而东，取紫霄宫（在今大源）路是也。江流至此极狭，去岸才一二百步，水波委蛇，始皇正从此渡……”

秦始皇渡江的地方，今天叫作汤家埠，老底子叫神仙渡，与江对岸的中埠相对。这里是古富春湾的湾底，东流的富春江水从长山泷出来，被南岸江边突出的剡岭山大岩石所阻碍，这里就成了百里富春江最狭窄的地方，正好渡江。抗日战争时期，新四军两渡富春江，选择的也是这个区域。

富阳有秦望桥，据说秦始皇曾登桥望江。《汉书·地理志》载：“秦始皇南巡，尝登此桥望会稽，因名。”南宋《咸淳临安志》：“秦望桥，在县治西北隅，地里志云，秦始皇尝升此桥故以名。”北宋宣和年间，富阳县令胡纺把木质的秦望桥改成了石桥。

如今，就在秦始皇曾经望江的地方，将会安装上一枚明亮夺目的“城市眼”，打造出一个集滨水公共服务、文化娱乐、商务办公、商业配套、品质居住于一体的多元中心、中央活力区，建设成为钱塘江畔商务休闲文化的新地标，向全世界展现富阳的独特魅力别样精彩。

到了汉朝的时候，富春改为侯国。汉哀帝元寿二年（前 1），河间王子刘玄被封为富春侯。

到了新莽时期，刘玄被废，富春更名为诛岁。但是新莽很快灭亡了。因为出了个刘秀。刘秀被后来的网友称为“位面之子”，也就是出场自带“外挂”的那种人。刘秀有一个好朋友叫严子陵。有人说他们两个是同学，不过严子陵比刘秀大 33 岁，等刘秀跑到长安去游学的时候，严子陵应该都已经快到退休的年纪了。

刘秀当皇帝之后，想把严子陵叫到京城里来当官，可严子陵不肯。严子陵是一个潇洒不羁的人，向往自由，不喜欢被束缚。所以，似乎没有比富春更适合他的地方了。《后汉书·严光传》：“（严子陵）耕于富春山。”唐章怀太子李贤看到这里的时候，拿笔批注道：“今杭州富阳县也。”

光绪《富阳县志》上说，严子陵在富阳钓鱼的地方有三处，一处是鹳山，一处是桐洲，还有一处在赤亭山，或名赤松山，也就是现在的鸡笼山一带。

现在的鸡笼山距离富春江还是有点距离的。但是在古代的时候，鹿山、鸡笼山，可能都还只是江中的一个岛屿，所以在山顶上还能找到系缆绳的痕迹。雍正《浙江通志》说：“樟岩山、赤松山、鹿山之巅，皆有纤缆痕……鳖子门未凿，则富阳钱塘为巨浸……皆泽国也。”宋《太平寰宇记》也说：“严光钓于赤亭，缘海四县有台基存。”

鹳山临江处有石濑，濑上旧有“钓台真迹”碑，后毁，新立石碑

“严子陵垂钓处”。南宋的时候，有一个叫李迪的富阳县令在鹳山上修建了一座严先生祠。元代大文豪杨维桢、明代大才子徐文长都曾到此寻访高贤，留下了不朽的诗篇。

到了近代，郁达夫更是这样自报家门的：“家在严陵滩下住，秦时风物晋山川。碧桃三月花如锦，来往春江有钓船。”

刘秀当了皇帝之后，富春也终于恢复了自己的名字。《大清一统志》记载：“富阳故城，在今富阳县治西北隅，汉置。”县治也就是在今银湖街道的观前、黄泥山一带。

东汉永建四年（129），从会稽郡中分出了吴郡，富春县从此又改归吴郡管辖。所以，《三国志》称孙坚“字文台，吴郡富春人，盖孙武之后也”。

孙坚是瓜农孙钟的儿子。

东汉末年，天下大乱，孙钟隐居在富春江畔，以种瓜为业。路人有求，慷慨相赠，因此孝友之名，肆闻乡里。

在《艺文类聚》中记载了这样一个故事：“孙钟，富春人，与母居，至孝笃信，种瓜为业。忽有三年少来乞瓜，为钟定墓地，出门悉化为白鹤。”并注：钟，“孙权祖也”。

孙钟种瓜，其实是种德。俗话说得好：“种豆得豆，种瓜得瓜，积善积德，三世其昌。”孙钟种德，惠及子孙，最终他的孙子孙权建立吴国。

孙钟种瓜的十八亩雄瓜地至今仍在，在王洲的瓜桥埠。《杭州府志》载：“孙洲，在县西南四十二里，周二十三里，今名洋涨沙，一名瓜江村，相传孙钟曾种瓜于此。”

王洲上还有石涨庙遗址，据说就是孙钟故居的所在地。

孙坚杀海贼之后，被任命为郡吏，也是从瓜桥埠坐船赴任的。《太平寰宇记》中记载：“浙江经县前过，江中有沙涨，吴武烈帝为郡吏，赴府，乡人饯之，会于洲上。父老云：‘此沙狭而长，君其为长沙太守乎！’后果如父老之言，因于长沙起兵，为吴始祖，遂名此沙为孙洲。”

在当时，富春并不是一个大县。按照汉代万户以上的县置令、万户以下的县置长这样的标准，富春的行政长官被称作富春长。

东汉末年，睢阳李永为富春长。《三国志·典韦传》记载：“襄邑刘氏与睢阳李永为仇，韦为报之。永，故富春长，备卫甚谨。韦乘车载鸡酒，伪为候者，门开，怀匕首入杀永，并杀其妻，徐出，取车上刀戟，步出。”

在李永之后担任富春长的，是一个叫虞翻的余姚人。虞翻原本是会稽太守王朗的功曹，孙策平定江东之时，王朗被孙策打败，逃到海上，虞翻一路跟随左右。后因老母病重被王朗劝回，这才跟随了孙策，成为孙策的一个谋士。

平定江东后，孙策委派虞翻担任富春县的县长。富春是孙策的故乡，派虞翻到富春履职，可见孙策对他的信任。

孙策临终前，把家族的接力棒交到了弟弟孙权手里。他对孙权说：“举江东之众，决机于两阵之间，与天下争衡，卿不如我；举贤任能，各尽其心，以保江东，我不如卿。”

孙权并没有辜负哥哥的信任。在经过赤壁、夷陵两大战役之后，孙权终于与曹操、刘备分庭抗礼，划疆而治，三分天下有其一。

孙权称帝后，于黄武四年（225）从富春县分出了建德、桐庐、新昌（后改名寿昌）三县。次年，又分出了新城县，也就是后来的新登县，并归属东安郡管辖。富阳、新登两县建置以此而始。

黄武五年（226），由于浙西一带山民多为盗贼，于是从丹阳郡、会稽郡、吴郡三郡中分十个县出来，置东安郡，郡治就设在富春，以名将全琮为太守。

光绪《富阳县志》中说："东安郡城在县北十八里，吴黄武五年置，周七百六十步，郡守全琮筑。"

东安郡是个临时机构，几年之后山贼悉平，东安郡就被裁撤了，富春仍归属于吴郡。

# 二、唐砖宋瓦起城垣



在东汉末年的时候，有一个名叫郭成的富阳人，他是个十分有趣的人。在天下纷争之时，他却赁一小船，泛五湖、游沧江，探奇逐胜以自娱，可谓是优哉游哉。孙权也不知道为什么，看他就十分顺眼，黄龙元年（229），也就是他登基称帝的那一年，居然封郭成为永兴、富春二县侯，食邑五千户。永兴即今杭州市萧山区。

郭成去世后，谥昭侯，葬在城北樟岩山。近年在延寿院（又名东山寺）附近发现一根石柱，据说就是郭成墓前的望柱。后人为其立祠，称为郭昭侯庙，在县西北二百步，又名灵惠庙，俗称邑主庙，这座庙所在的位置，也就叫作邑主庙弄。

十六国时期，一个名叫李重耳的人从陇右古城逃到了富春。李重耳是西凉国主李歆的第三个儿子。西凉国被灭后，李重耳乔装易服，从大西北一路南下，最终到了富春，并在这里度过了余生。光绪《富阳县志》载："魏安南大将军李重耳墓在县西南九十里栖鹤

钟塔山。”

李重耳去世后，他的儿子李熙后来复归陇西，并成为关陇集团的一员。李熙的后代就是建立唐朝的李渊。

唐朝建立后，认祖归宗，于武德年间在富阳敕造李重耳墓，改栖鹤山为千春山，并建千春寺。200余年后，唐宪宗又派建王李恪到富阳祭扫先茔，奉诏改山名为万春山，寺名为万春寺。

此后，李恪的后代、南唐后主李煜也葬在了富阳的壶源溪畔，李重耳的墓北，月燕山之阳。

吴越国末代国王钱俶的《南唐后主陇西郡公李煜公墓志铭》载：“次明年己卯乞恩归柩于杭之富春山，越岁辛巳二月十一日葬于祖重耳公之墓北，月燕山之阳，因曰吴驾坞，适俶祭省归杭，且有姻娅之好，事状强志其墓。”

李煜的长孙李昭度以太子太师之位解官辞归，携子孙“守邱墓于富春，优游于桑梓之间以自乐”，是为富春李氏的初祖。而李氏聚居之地，取名古城，意为不忘故土。在两宋时期，从古城村走出了十几位进士。尤其是从李昭度的曾孙李友谅、李友闻兄弟开始，连续五代出了十名进士，在富阳历史上是绝无仅有的。

东晋孝武帝太元十九年（394），为避简文帝生母宣太后郑阿春讳，富春更名富阳，富阳县名由此开始。

到了南北朝时期，一个读书人乘坐一艘小船，漂漂荡荡地来到了富阳。一路之上，只见“水皆缥碧，千丈见底。游鱼细石，直视无碍。急湍甚箭，猛浪若奔。夹岸高山，皆生寒树，负势竞上，互相轩邈，争高直指，千百成峰。泉水激石，泠泠作响；好鸟相鸣，嘤嘤成韵”。

这个名叫吴均的读书人忍不住拿起笔来，写下一篇文章，发到了他的朋友圈里，同时 @ 了朱元思。

从此，富阳就有了《与朱元思书》。

富阳的文化也就在这个时期达到了第一座巅峰。除了吴均以外，沈约、丘迟、江淹、何逊这些当时最顶尖的文化人一个个也都成了富春江的“迷弟”，在富春江上从流漂荡，任意东西，写下了大量的诗篇。

而为富阳写下第一首诗的，却是谢灵运，中国山水诗派的鼻祖。

宵济渔浦潭，旦及富春郭。
定山缅云雾，赤亭无淹薄。
溯流触惊急，临圻阻参错。
亮乏伯昏分，险过吕梁壑。
洊至宜便习，兼山贵止托。
平生协幽期，沦踬困微弱。
久露干禄请，始果远游诺。
宿心渐申写，万事俱零落。
怀抱既昭旷，外物徒龙蠖。

渔浦潭在浦阳江、富春江、钱塘江三江汇合之处，舟船往来，

商贾交通，遂成为历史上杭州南部的一个重要地标。从宋朝开始，这里是从钱塘江上溯富春江水路唯一的停靠码头，渔浦附近有驿站，商贾旅客往来，多在渔浦留宿，使渔浦成为一个著名的水路中转之地，也形成了渔浦的繁华景象，成为当时一处商业繁荣昌盛、市场兴旺发达的活水码头，富足了百姓，也为官库增收了银两。

唐武德四年（621），富阳县治搬迁到了鹳山西麓，也就是现在区政府所在的位置。据明《富春志》记载，在鹳山西麓与富春江北滨这狭长地带中，“形势雄伟，内气充厚，春江萦带乎其南，群山旋绕乎其北，山川具有自然险因”，此处无疑是理想中“高深城隍”的好地方。

武德七年（624），城内建成了文庙（即孔庙），为古代儒学

阳陂湖

教官衙署所在。永泰年间，富阳县令崔士元重建学宫。

贞观十二年（638），县令郝砆主持开凿阳陂湖，以蓄水兼造水闸，灌溉农田万顷，惠利在民。2020年，经过修复整治的阳陂湖正式对外开放，作为杭州打造世界湿地水城的重要组成部分，成为杭州都市圈的绿色海绵、生态绿肺，也为富阳市民提供了一个休闲踏青的好去处。

由于濒临江滨，县城经常遭到洪水的侵袭，城南江滨砂砾遍地。为了杜绝水患，唐武后登封元年（696），县令李浚主持修筑了城南护城防洪堤。防洪堤“东起鹳山，西至苋浦，长三百余丈，以捍水患”。到了贞元七年（791），县令郑早又重修此堤。

春江堤建成后，历史上曾多次整修、加固，并数易堤名（吴公堤、富春堤）。春江堤的建成，对富阳城起到了很好的保护作用，百姓安居乐业，于是城里开始有了热闹的集市。

开元十二年（724），县令顾昇庠建县市，平易近民，民亲之如父母。范文澜所著《中国通史·唐朝经济》称：“浙江富阳县市在城西北隅，周围二里五十步。贞元十二年（796），移市于大桥西（城西）。”

城是政治、军事统治中心。市是商品交换的场所。最初城和市是相互分离的两种不同的事物。一般情况下，市的出现要晚于城。富阳县市的出现，表明了富阳的城与市，由分离走向了统一，尽管规模还很小，但富阳的城市在这个时候真正产生了。

唐咸通十年（869），富阳县令赵讷筑城，“移于苋浦西隅，

距今城二百七十步，城垣周长六百步，高一丈，濠（指护城河）阔一丈五尺”。这个时候的富阳城内已有城隍庙、吉祥寺、真觉寺等公共建筑。

五代时，吴越钱镠筑城，因“城池逼江，乃垒砖砾为城”，“城垣周长十二里，高二丈一尺，阔二丈。有屋一百七十九间，警楼一十二座，铺舍一百十九所”。

宋元时，城垣在荣国寺（今大寺弄一带）西北隅，县署西一百五十步。元至正十六年（1356），由浙江行省参政杨完者重建，周三里。元末毁于兵。

自唐成为县治所在地后，县城所在位置已相对固定，尽管城垣时毁时建，地点屡有变更，但总体范围一直离不开今富阳老城区一带。

北宋宣和四年（1122），为了加强防务，县令胡纺主持开凿庆春河为护城河，东起鹳山，西至苋浦，置陡门二。

两宋时期，大量的家族从中原、徽州等地迁徙到了富阳。比如常安、湖源一带的李氏，初祖是北宋初期的李昭度；常绿一带的章氏，初祖是北宋状元、堪称“史上最牛学霸”章衡的儿子章允文；上官一带的盛氏，据说是宋徽宗驸马爷的后裔；环山一带的裘氏，是南宋初自会稽云门乡平水埠赘居富春……

有一个姓谢的家族，也是在北宋初年迁居到了富阳。谢家祖籍河南阳夏，五代时谢懿文在吴越国任杭州盐官县令，死后葬于富阳。谢懿文的儿子名叫谢善继，字崇礼，任福建泰宁军掌书记，从嘉兴举家搬迁到了富阳。

谢善继之后，连续三代考取六名进士，名冠一时。有意思的是，谢家的最后一名进士是谢景平，他考中进士的时间是皇祐五年（1053）。谢景平之后，富阳将近20年没有出进士，直到熙宁六年（1073）古城李家的李勉考中进士，才打破了富阳的进士荒。这也意味着李家从谢家手中成功接过了接力棒，此后150年，李家井喷式地涌出了十几名进士，其中包括著名的“清节之士”李鞦和“公清之相”李宗勉。

根据光绪《富阳县志》记载，两宋时期，富阳共有进士42名。这当然不仅仅是靠着一两个家族就可以完成的业绩。从宋仁宗开始，教育以官方的形式在各州县真正发达普及起来，“州郡不置学者鲜矣”。办学是需要经济支撑的，宋代经济的发达为教育的普及提供

位于实验小学内的文庙遗迹泮池

了物质基础。

据史料记载，富阳官方书院的设置，也是始于宋代。

淳熙十二年（1185），富阳知县糜师旦同主簿叶延年修学宫以置书院。嘉定十六年（1223），知县李弥高公余之暇集诸生讲道艺，名曰春江道院。

入明，嘉靖十二年（1533），按察佥事焦煜、知县王惟孝创建富春书院。崇祯十三年（1640），知县何吾浚重修学宫，学宫成为规模空前的建筑群。

不过在糜师旦之前，小规模的学堂其实已经存在了。比如南宋乾道五年（1169）进士杨简，在富阳任主簿。乾道八年（1172），著名“心学”家陆九渊在富阳住了半个月，杨简在鹳山上的“双明阁”向其问道，并拜其为师。此后，杨简将“双明阁”更名为“传心堂”，在堂内向富阳的读书人宣讲心学。

教育的发达，也带动了造纸行业的繁荣。富阳的造纸业历史可以追溯到魏晋时期。至宋，富阳生产的元书纸、小井纸、赤亭纸，以“制作精良，品质精粹，光滑不蠹，洁白莹润”而被誉为“纸中上品”，成为朝廷锦夹奏章和科举试卷的上品用纸。其中，又以元书纸最为闻名。

唐代的县令为富阳的城市打下了坚实的基础，宋代的县令则忙着开辟道路，拓展交通。

富阳城东五里，有一座大岭山，是古代富阳县城东门的天然屏障，也是从富阳沿江通往杭州的必经之路。因其山形似鹤，故又称鹤岭。在很早的时候，“鹤岭晴云”就已经是春江八景之一。光绪《富阳县志》中说：“鹤岭晴云……每当晴旭初升，云影岚光，掩映如画。”

大岭山又名胡鼻山，风光虽好，却也以道路险峻而闻名。明正统五年（1440）所修的《富春志》记载：“胡鼻山，在县东五里，山势峭峻，下瞰大江，路狭而险，行者患之。”

南宋乾道年间，考取进士的乡贤谢安赜向知县陆楠提出了开通胡鼻山路的请求。陆楠欣然应允，开胡鼻山路，并作石栏以护之。

不仅如此，谢安赜还在富春江上设置了四只渡船，开通了三条岭道，便利了当时的水陆交通。在大岭山上，曾有一块摩崖石刻，记录了此事，可惜如今已不可寻了。

“谢安赜务兴利，放四渡于春江，辟三岭于胡鼻，水陆得此无虞，聊刻此以为记。”

南宋嘉定五年（1212），程珌任富阳县令，当时胡鼻山道损毁，“岁久柱折栏坏，守僧不存，行者惴然”。于是，程珌又筹资重修，并在江边以石为栏，行人称便。

程珌，字怀古，休宁人，绍熙四年（1193）进士，授昌化主簿，调建康府教授，改知富阳县。绍定元年（1228），出知建宁府，寻除福建路招捕使，节制军马。绍定三年（1230），提举隆兴府玉隆万寿宫。淳祐二年（1242），以端明殿学士致仕。

他在富阳任上时间并不长，却做了很多好事情。除了修胡鼻山道外，他还主持修了通济桥，也就是现在的恩波桥。恩波桥这个名字就是他给取的。据说程县令还文武双全，祖传的一套“小九天拳”，

元代黄公望《富春大岭图》

技艺精通。他亲率弓手寨兵击寇捕盗、剿匪治乱，保护了一方平安，为百姓所称善。

胡鼻山道是富阳通往杭州的交通要道，“每趋候大府，道之所由，必出于是”，而大岭“横绝大江之滨，山势峭峻，俯瞰江流，旁开一线之道，既狭且险，自宋以来，虽建设石栏石柱，而兴毁不一，行旅往来其间者，能不顾之而心怀慄慄耶？”。

所以南宋以降，历代县令都相继以修路为己任，这个传统一直延续到了清代。

康熙二十年（1681），江苏太仓人钱晋锡拔贡生，被任命为富阳知县。他在任五年，修文庙，筑南门城楼，重修县志，做了不少事情，我们现在看到的康熙《富阳县志》，就是他主持编纂的。

面对胡鼻山道崩坏的情况，钱晋锡“度径道之自西徂东者，凡几千百丈，命工人铲削而平治之，役旬日告竣，由是行者跬步之间，无所畏难，若坦途然”。

# 三、春水千秋绕村郭

在富春江南岸，有一处关隘，名叫东梓关。相传南北朝时期，孙权的后裔孙瑶在此率部驻守。孙瑶死后，葬在东梓关的紫薇山（即今天的姊妹山）。《咸淳临安志》记载：“东梓浦，在县西南五十一里，东入浙江，旧名青草浦。宋将军孙瑶葬于此，坟上梓木枝皆东靡，故以名。”

宋太宗太平兴国五年（980），其后裔孙忠举家从东梓关迁至龙门，继继绳绳，繁衍壮大，传承近40代，绵延千余年，代有贤才，播名于世，遂成龙门望族。

如今，龙门古镇已经成为孙氏后裔最大的聚居地。在历经沧桑和战乱之后，这里功能各异的建筑物至今保存完好，砖砌牌楼、古塔、古寺点缀，房廊相连，长街曲巷，连贯相通，伴随着古樟、小桥、溪流与古街，构成了古镇独特的风景。

镇内屋舍房廊相连，长街曲巷连贯相通，镇外的人进入镇里之后很容易迷路，所以被誉为“千年迷宫镇”。

这里民风淳朴，风俗独特，是体现中国传统宗族传承体系的典型山水田园古镇。

龙门孙氏世代就把耕读作为传家宝，老祖宗遗训：

“日暮研穷经史，春夏服力田畴。勿恤栉风沐雨，常怀刺股悬头。笃学方能入圣，深耕乃亦有秋。”

龙门孙氏十分重视教育。据不完全统计，自北宋初年至清朝末期，通过科举步入仕途的，有88人。《龙门孙氏宗谱》云：“子孙半列儒林，咸饶富有。”

有了钱，就做善事。龙门孙氏做的善事很多，不胜枚举。

在明嘉靖年间，富阳暴发了十分严重的旱灾，庄稼颗粒无收，老百姓靠吃草根树皮度日。然而，官府的捐税还是摊派下来。

这个时候，龙门的富户孙潮站了出来。他不但替全村的老百姓代缴了三饷（辽饷、练饷、剿饷），还把自己家的粮仓打开，拿出了一千多石的存粮赈济灾民，不少灾民赖以得活。富阳知县奚朴将他的事迹上报朝廷，皇帝钦旌其闾为“义门”。奚朴建造义门牌坊，并亲笔书写“义门”二字。

差不多就在孙忠搬走的同时期，一个名叫许彧的人把家搬迁到了东梓关。许彧是富阳屠山人，事母至孝。因母亲爱吃鱼，但屠山山高林密，难以吃到鲜鱼，因此，许彧先迁居大桐洲，北宋初年又定居东梓关庙凸头东侧，成为东梓关许氏之祖。

东梓关许家出了两个大孝子。除了许彧之外，还有一个许嘉贤

（字心寰）。康熙十八年（1679），为表彰其孝行，在全国五处地方建有心寰公孝子坊，自里门以达京师。因许心寰长寿，故称“百岁孝子坊”。

东梓关许家世代行善积德，造福乡里。同治十二年（1873），许氏后人许廷询69岁，按风俗要逢“九”做寿，但是许廷询要求几个儿子把给他做寿的钱捐出来，建一座亭子，给过路的百姓歇歇脚。次年，亭子建成，取名“继善亭”。

许廷询有十个儿子，后人称之为“许十房”。从清嘉庆年间到民国初年，近两百年的时间，许家逐渐成为方圆百里的名门望族。不仅家境殷实，而且人才辈出，《富阳县志》称许十房“家门之盛，为邑中首屈一指”。

由于家境富裕，所以许十房的房子在当时都称得上是“豪宅”。目前，东梓关依旧保存着数十幢清末民国初的杭徽派古建筑。坐落在村口青翠田野边的“杭派民居”既有江南水乡的古典美，又充满了浓郁的现代气息。远远看去，如一幅天然绘就的水墨山居图。

明洪武十九年（1386），朝廷在东梓浦设立巡检司，并派军队驻守，为东梓塞。巡检司主要负责稽查往来行人，打击走私，缉捕盗贼，同时兼有海关的职能。明清时期，这里的集市十分繁华。茶馆、米行、纸行、烟行、饭店、酒肆、诊所、理发店、旅店、南货店、京货店等店铺，从长塘一直延伸至富春江边越石庙的东梓街，鳞次栉比。

明代的时候，随着社会分工的不断扩大和完善，商品生产和交

东梓关



换更加频繁，交通运输手段增多，交通条件更加方便，富阳城的发展有了一大飞跃，不仅重视教育，且开始关注弱势群体。

明洪武年间，在西门内开设惠民药局（后改为医药署）。洪武五年（1372），在富阳明朝首位知县杨敬的主持下，于恩波桥西侧办起了孤老院，县财政拨专款，供养孤老院中的鳏老及弃婴，每人每月可得三斗米，三十菜，夏冬之季各供布一匹。这是富阳官办的第一家慈善机构。清朝建立后，孤老院更名为养济院，并下设育婴堂。

正德九年（1514），韩邦奇任浙江按察司佥事。任职期间，宦官王堂等至浙江，四处搜刮民财，强征富春江的渔产、富阳一带的茶叶，韩邦奇愤而作民歌《富春谣》："富阳江之鱼，富阳山之茶，鱼肥卖我子，茶香破我家。采茶妇，捕鱼夫，官府考掠无完肤。昊天何不仁？此地亦何辜？鱼胡不生别县？茶胡不生别都？富阳山何

日摧？富阳江何日枯？山摧茶亦死，江枯鱼始无。呜呼！山难摧，江难枯，我民不可苏！”

宣德九年（1434），饶州乐平人吴堂担任富阳知县。吴堂字允升，永乐年间进士。他在任9年，知简刑清，轻徭薄赋，兴利除弊，修筑春江堤以防水患，恢复观（鹳）山关隘以维治地方。百姓感其恩德，称春江堤为“吴公堤”。

“吴公堤，古春江堤也。不言春江而言今名，县令吴侯所筑，民为是名示不忘也。”

天顺六年（1462），杭州知府胡濬到富阳与新城两县，组织民工开渠、筑堰、建闸。在富阳、新城两地留下了“胡公渠”“胡公堰”和“胡公闸”。

明代还有一个知县叫李启，是湘阴人，万历初年到富阳任职。如果遇到有僧尼作奸犯科，他就令其还俗，蓄发婚配，说：“汝庵寺少一秃发，吾邑多一农民也。”李县令应该是一个非常接地气的官员，老百姓都唤他作李老伯。

嘉靖三十五年（1556），知县桂轨筑富阳城。这是富阳历史上非常重要的一件事情。桂轨主持筑成了县城四周城墙、城门后，奠定了近现代富阳城的格局。城垣东连鹳山，西濒苋浦，南临富春江，北带后河，周广六里，东西长一千余丈，厚二寻（八尺为一寻），高一丈四尺，雉堞（城垣上女墙）一千二百堵。

沿城垣内外已修有马路，城垣上建有谯楼（瞭望楼）四座，各三间。城门有四：东为升平（鹳山西麓），南为萃和（今南门埠），西为康阜（恩波桥东端），北为达顺（今达夫路、桂花路交叉口）；又辟三小门，以通出入，供汲水。并开上、下水门，用以排水。明隆庆五年（1571），在儒学（今实验小学一带）前增辟文明门，上筑石亭称燕城楼。历明至清鼎盛时期，城垣建筑及城内的街巷建设发展迅速，形成以东西向大街（今富春街，俗称老街）为干道，连接横街（即南门街）、三思街和纵贯南北的市心（又名自新，今达夫路）、大寺、小寺、周家、堂子、司弄、城隍庙、赖湖桥等8弄，及慈善、余家、金波、丁婆、竹竿、小水门等7巷。

自明代、清代至民国，历时400余年。400多年，尽管城中格局建筑、经济社会和城民生产生活有了很大的发展变化，然县城境域基本沿明无变，街巷分布总体格局一直沿至民国时期的抗日战争爆发前。即使到了今天，除了南边临江的一面，富阳城市架构的其余三面（北、西、东），都是以桂轨所筑城垣为中心而扩展、延伸的。

这是因为从明洪武开始，一直到清咸丰年间，富阳处于太平无事的稳定时期。于是，自给自足的小农经济得到了较大的发展。

苋浦是江上船只避风或停泊栖息的地方，水上运输极为方便。每到傍晚，无论是从上游开往下游的船只，还是从下游开往上游的船只，都是迎着落日余晖，从富春江缓缓地驶向苋浦，至恩波桥落帆入港。船家与船上的客人可以登岸入城，或卖鱼虾，或买些日用品，抑或在大观楼中喝上一杯茶听上一回书。

这就是古春江八景之一的“苋浦归帆”。

富阳城内的商业日渐兴盛，集市开市日由每月6天，增加为每

月 18 天。至清代，最终形成每日集市，包括菜市和四乡农民上市出售和购买物品，且与外县、外省经商往来也日益频繁。菜市集于恩波桥东西两隅；土纸、茶叶、蚕茧和竹木炭等土特产品在桥东善长弄一带集散，因商行、货栈都集中在这一带，故市面极为热闹。与轮船码头相连接的南门街一带，铁、木等作坊较多。当时富阳较大的商号有王振和、广大隆、公和新等。

据清光绪《富阳县志》记载，清嘉庆二十二年（1817）前后和光绪八年（1882）间，来自绍兴、安徽、宁波、萧山、福建的商人，先后在城内设立两浙公所、新安会馆、四明公所和闽商会馆等经管其同乡商务的机构，各地商人所经营行业，各有侧重和特色。富阳本地人所经营的一般为代客存放、转运或作媒介的土纸行以及茶行、茶馆、客栈等服务行业。

为了生产和交换的方便，商人和手工业者逐渐聚集定居在县城。出于方便生活、子女教育、宗教信仰等需求，以及保护自身生活、生产场所的需要，他们热心修筑城池，兴建桥梁、学校、寺观等公共设施和场所，城内结构逐步完善。

1937 年，日本人闯了进来。日寇在富阳犯下的累累罪行，罄竹难书，银湖街道的“千人坑”就是历史明证。

面对日军疯狂的侵略、暴行，中国人民没有退缩。东洲保卫战、景山阻击战、雀尾岭阻击战、新四军两渡富春江……无论是正面战场还是敌后游击战，无数爱国将士浴血奋战，人民群众广泛参与，用鲜血和生命抗击侵略者，最终赢得了抗日战争的全面胜利。

1945 年 8 月 15 日，日本宣布无条件投降，富阳县长新乡宋殿村地主宋作梅宅院被指定为中国战区第六受降区接洽日军投降地点。1945 年 9 月 4 日至 5 日，侵浙日军投降接洽仪式在富阳宋殿村举行，中方受降主官为国民党第三战区副司令兼前进指挥所主任韩德勤，日本投降代表为第一三三师团参谋长樋泽一治。

1949 年 5 月 3 日，中国人民解放军南下大军解放杭州。当天下午，富阳县长高渭宾手持白旗，宣布投降。得到消息的老百姓手提灯笼，自发来到后亭子迎接解放军。5 月 4 日傍晚 6 点左右，解放军第三野战军第七兵团二十一军六十二师一八五团第一营进驻富阳。国民党富阳县自卫大队四个中队的官兵，未作抵抗，缴械投降，富阳县城和平解放。

# 四、二水襟带东安城

新登的历史，是要单独拿出来说的。

东吴黄武五年（226），新登置县，时名新城，隶属东安郡。

自诞生之日起，新登就过上了颠沛流离的生活。具体地说，就是在钱唐、富阳、桐庐几个大佬之间来回折腾。一会归钱唐管，一会归富阳管，一会归桐庐管，一会又自己管自己。

南朝齐永明三年（485），新登有一个叫唐寓之的风水先生，聚众 400 人，攻破桐庐、钱唐、盐官、诸暨等地，一时部众达 3 万余人。次年，唐寓之在钱唐称帝，立国号为“吴”，年号为“兴平”。

当然了，唐寓之是个短命天子，不到一年的工夫，就被镇压了。

唐武德七年（624），新城并入富阳。

永淳元年（682），复置新城县，属余杭郡。同年，修建官塘。官塘是新登最早的水利工程。《新唐书》记载：“（新登）北五里有官塘，堰水溉田，有九澳，永淳元年开。”

嗣圣元年（684），徐懋功的孙子徐敬业在扬州竖起“反武”的大旗。这个时候，新登人突然发现，新登好像连城墙都没有。这万一要是徐敬业带了部队打过来，那岂不是连抵抗的机会都没有？

于是，全城总动员，一场轰轰烈烈的“造城运动”开始了。

道光《新城县志》引《祥符图经》及南宋《咸淳临安志》所载：“旧城在县东南三百步，周三百丈。相传，唐徐敬业起兵时筑。”

“唐新登城”在葛溪畔矗立了两百年，两百年大唐太平盛世。因为没有战争，所以大概在新登人的眼中，这座城是无所谓的。但是到了唐朝末年，群雄逐鹿，战火一不小心也烧到了新登城附近。新登人这时才发现老底子的这座城根本就靠不牢。毕竟为了赶工期，项目仓促上马，准备工作并不充分，有好几处地方是豆腐渣工程。再经过两百年的风吹雨打，老城墙已经显出了它的颓态。

所以这新登城，得修。

唐大顺二年（891）秋七月，时任东安都将的杜棱奉杭州防御使钱镠之命，在新登筑东安城，作为杭州的翼城。

钱镠的嫡系部队分为八都，分别由八员心腹大将统领，并称为“八都军”，这是钱镠赖以逐鹿天下的军事资本。而杜棱所率的东安都军被认为是精锐中的精锐。

杜棱本来就是新登人，他对新登的地形地势十分了解。新登是丘陵之地，不可能像平原地区那样筑一座规整的城池。他以鹁鸪（今凤凰）、孤浦、假山（今秀山）、一峰、多福（今黄山）、沧泉、宝珠、冬青、杜墓九座小山作为基础，城墙依山而建，因形就势，

把九座山头所围的区域框在其中，“除县衙和多福寺外，俱为农居，间有田土”。

从空中鸟瞰下来，东安城就像是一朵绽放的莲花，九座山峰就像是九片花瓣。所以民间有歌谣传诵：“一朵莲花耸碧霄，二水襟带万山朝。”

同时，杜稜又命人挖护城河，“引新堰水注之”，进一步起到护城的作用。

杜稜领兵所筑的这座东安城，后人称之为“杜稜城”，又名“东安罗城”。就在东安城建立不到三年的唐昭宗乾宁二年（895），淮南军杨行密所部就大举进攻两浙，新登周边县镇的几个要塞已被打得一败涂地，“紫溪、窜堡、火口、建宁不守，静江无将”（罗隐《东安镇新筑罗城记》）。

但是杨行密的部队打到东安城下，却吃了大亏，仍然是罗隐《东安镇新筑罗城记》中的记载：“我军凭其城，毙贼将于城下者，其数盈千，濠塞堑堙，自是群寇不复有图南之意。”

据说在守城最艰苦的时候，城中严重缺水，民众“穿井百尺不得泉；稜默祷于神，泉即涌地出”。后来民众感怀杜稜之恩，就把这口井取名“杜公井”，相传在新登旧城隍殿内的水井，就是杜稜所凿的“杜公井”。

凭借着“东安保卫战”的伟大胜利，杜稜在钱镠军中声名大振，进官行军司马，累迁润州刺史。新登人对杜稜这位建城的老乡始终怀念，城中观音弄里有供后人祭祀缅怀的杜公祠，20 世纪 30 年代尚有其塑像。

杜稜有三个儿子，都是将门虎子，其中最厉害的是老三杜建徽，堪称吴越国第一名将。根据史书记载，杜建徽每战，皆单衣入阵，所向披靡，军中谓之“虎子”。

后梁开平元年（907），罗隐、杜建徽等拥立钱镠为吴越国主，杜建徽也因此进爵为郧国公，领吴越国丞相。同年，为了避梁太祖朱温老爸朱诚的名讳，改新城为新登，取“年谷丰登”之意，新登作为地名在这一年正式踏上历史的舞台。

罗隐和杜建徽是新登的两大名人。《吴越备史》记载：“初，新登鼍江常有二气亘于江上，昼夜不灭。及隐洎丞相杜建徽生，而二气不复见，识者以为文武秀气焉。”

相传在唐代的时候，鼍江上浮有青白二气，乡人们都说这是要出名士的征兆。后来罗隐出世的时候，白气就消掉了；再后来，杜建徽降世，青气也随之消掉了。

“独异二公生不凡，青白二气波间吐”，可见罗隐和杜建徽都是自带外挂出场，注定要在丹青上留下自己的名字的。

北宋乾德五年（967），钱镠析分水县地，置南新场。据《南新县记》记载，昔吴越国王钱镠为就彼征科，便乎输送，割睦州分水县南新、宁善、新登、广陵、桐庐五乡，置南新场，隶属于临安县，其辖境大概就相当于现今富阳市的万市、洞桥、胥口一带。

宋太平兴国四年（979），改新登为新城。两年后，升南新场为县，县治设在今天的万市。直到熙宁五年（1072）废县为镇，并入

新城县。

熙宁中，晁端友任新城县令。差不多同期，苏轼被贬到杭州任通判。苏轼与晁端友的哥哥晁端彦是同榜进士，交情十分深厚，而新城又是杭州的属县，于是二人就有了比较深的往来。苏轼曾在自己的《新城道中》一诗中对晁端友的政绩表示赞赏：“细雨足时茶户喜，乱山深处长官清。”

在杭州任职期间，苏轼曾多次往来于新城道中（或名南新古道），在浮云岭、青牛岭、塔山等处留下了自己的诗作，并将晁端友的儿子晁补之收为自己的弟子，悉心教导。晁补之也不负所望，成为“苏门四学士”之一。

新登附近有多条古道，除南新古道外，还有一条南津古道也十分有名。南津古道的起点是新登县城的南门。当时在新登城南的葛溪有一个南门渡，富春江的船队从鼍江（即渌渚江）进来，可以直接开到南门渡登岸。但是，如果遇到下游的鼍江江水倒涌，或者上游的松葛二溪山洪暴发，那么来往的行人就只能望渡兴叹，等水位下降了才能乘船。

这种情况一直到南宋乾道八年（1172）才得以解决。苏州人杨思齐任新城县令后，经过多方募集，终于凑足了钱在葛溪上建造了一座桥，因为这座桥在南门渡附近，所以叫南津桥。

南津古道上的白蜂岭后来被施耐庵写进了《水浒传》。《水浒传》第九十六回《卢俊义分兵歙州道，宋公明大战乌龙岭》说，宋江率领的军队曾经驻扎在南津古道上的白蜂岭，与方腊的军队展开激战。

新登“上通徽严，下达苏杭”，历来都是兵家必争之地。元朝末年，朱元璋的外甥，也是他手下的名将李文忠就曾率部在新登的三溪口与张士诚的部队大战了一场。

根据《明史·李文忠传》记载，元顺帝至正二十六年（1366），张士诚部二十万攻打新城。李文忠部将因敌军势众，有畏战情绪。李文忠开导他们说：“兵在谋不在众。”并仰天发誓道：“国家之事在此一举，文忠不敢爱死以后三军。”是日，“文忠横槊引铁骑数十，乘高驰下，冲其中坚……敌遂大溃。逐北数十里，斩首数万级，溪水尽赤……”

这是新登有史以来规模最大的一次战役，双方投入军力达数十万之众。此战奠定了朱元璋在江浙一带的优势地位，张士诚则渐显颓势，最终被朱元璋所灭。

明朝永乐年间，新城出了一个“打虎知县”。这个知县名叫刘秉，是直隶获鹿人。当时新登山高林密，时有猛虎出没。刘秉到任后，祛除虎患18次，保护了当地百姓的生命安全。

刘秉还兴修水利。民国《新登县志》卷四记载：“秉躬度地形，雇民夫千名，率以凿山通道，筑堰二十余丈，又为闸以慎防蓄泄，仍立堰长司之，自堰下流至于龙山，下注石头及宦塘路上下田二千余亩，化为膏腴。”

后人将这条水道称为“刘公堰”，并将新登横街更名为“秉贤街”。

为官一任，造福一方。刘县令算得上是一个有作为的好官。

隆庆初年，江西泰和人廖诏任新城知县。他与当时赋闲在家的

乡贤方廉合作，在新登地区实行土改。

据《新城县志》记载，廖诏“奉例丈量履亩”，“夫田盈于旧，而赋不增加者，以新城故多山溪。依山之民，每出己赀，垦山为田，其诸涨没溪涂，亦多规为种植；役人又奉法惟谨，不敢遗尺寸，故侈于原数”，“阅浸尽袪侵蚀，合田数加昔而均税照旧，诏之功也”。

廖诏的举措，既造福了百姓，也为后来张居正“一条鞭法”的推行作了铺垫，而且更为今天研究明代土地制度提供了实证依据。

明嘉靖年间，日本的浪人与中国的海盗相勾结，组成了肆虐东南沿海的倭寇。倭寇踏足之处，烧杀抢掠无恶不作，百姓生活在水深火热之中。

新登古城

时任新登知县范永龄苦于倭寇之祸，于是决定重建新登城。万历《新城县志》载：“嘉靖三十四年，倭寇侵浙，邑人方廉谋于县令范永龄重筑城，周六百余丈，为四门，沿城有濠，距门有桥，门各有楼……城高二丈，间为暴客所乘，万历三年，知县温朝祚筑塞垛口，另加女墙，以资防守。”

我们目前能够看到的，就是明城墙。目前新登古城墙已经得到了妥善的修复，并准备连同南京古城墙一起，申报世界文化遗产。新登古城的未来是可期的。

新登自古文脉昌盛，富阳历史上有名的文士，半壁出自新登。远的不说，在宋代新登就出了许广渊等六名进士，到了明代又出了方廉等七名进士。

可自从方廉考中进士之后的几十年，新登就再没有学子中进士第。士绅们认为造成这种现象的原因是文运被松溪、葛溪的流水带走了，于是就决定在葛溪边上造三座塔：联奎塔、笔峰塔和双江塔。

双江塔与笔峰塔遥相呼应，构成了古新城县“双塔插云”的秀丽景观。十分可惜的是，在清咸丰年间，两座宝塔均遭雷击，塔顶坍塌，对此，当时的新登有句顺口溜：“三塔二无头，清官不到头。”

贤明山上的联奎塔始建于明万历四十六年（1618）。清道光二年（1822），新登知县武新安对联奎塔进行了修缮。

联奎塔修复后，武新安体察前贤之意，“祝此邦之文人蔚起，炳炳烺烺，联珠联袂，于青云直上”，于是将原来的“奎”换成“魁”字，更名联魁塔。并效法唐代“雁塔题名”故事，于塔侧竖碑石一方，

以供科举者勒石留名。

联奎塔保留下来了，新登的文运也终于被截留了。明清以降，新登在文化科技艺术领域涌现出了许多人才。尤其是到了现代，在新登镇官塘村的老周家，一口气走出了周廷冲、周廷儒和黄翠芬（周廷冲的夫人）三个院士，大长了新登人的志气，也成为富阳人的骄傲。

清咸丰九年（1859），太平桥富商高保大出资在必经交通要道的马岭上筑起了一座关隘。这座关，叫作马岭关。整座关隘全部用大青石条砌成，城门拱顶铁木结构，城头设防护架、指挥台，城内建将军庙与驻军营房。

1945 年，抗日战争胜利前夕，新四军与国民党军七十九师在新登展开激战，史称“新登战役”。

是役，新四军苏浙军区共投入一纵、三纵、四纵等共计 7000 余人的兵力，歼灭敌军一个团，毙伤敌人 1500 余人，俘虏 719 人，最终以新四军胜利并主动撤离新登而告终。

1949 年 5 月 4 日，新登解放，与富阳解放是同一天。

1961 年，原富阳、新登两县行政区域和桐庐县贤德公社合并重置富阳县。至此，自东吴黄武五年（226）离开富阳、之后又几度分分合合的新登，终于重新与富阳融为了一体。

# 五、结宅应须住富春



新中国成立后，这座历史悠久的江南山水名城迎来了新生，受到了党和国家领导人的关注关爱。

1987 年 5 月，时任国务院副总理的谷牧到富阳视察、指导。在新沙岛上，谷牧看到岛上处处竹篱茅舍，中国江南农村古老而传统的生产生活方式尽在眼前，他兴致盎然。陪同人员向他介绍，这里就叫“农家乐”。谷牧说，这个“农家乐”，有意思，不过旅游者也应该乐！他告诉陪同的领导们，开发旅游的目的就是要达到让旅游者也乐的目的，就应该朝着这个方向去考虑问题，让更多的人来“农家乐”。谷牧临走时，应大家的请求，谷牧也兴之所至，欣然挥毫题字“农家乐，旅游者也乐”。

新沙岛经验后来在全国范围内推广开去，富阳因此也成为中国农家乐的发源地。

也就是在 20 世纪八九十年代，现代科技不断发展，工业制造

的白板纸逐渐走上历史舞台，取代其他纸品成为“主角”。白板纸产业不仅养活了10万就业人口，造就了400家造纸相关企业，还成为富阳财政和工业产值的“顶梁柱”，为富阳拿下了“全国白板纸基地”的称号，一时间风头无两。

但是，随着人们环保意识不断提升，造纸产业与环境之间的矛盾问题突显。2005年，时任浙江省委书记的习近平在富阳考察富春江水环境整治情况，要求富阳把发展生态经济特别是循环经济摆上重要位置，转变经济增长方式和发展模式。①

十多年来，富阳牢记总书记的嘱托，对污染多、能耗大的白板纸造纸实行从“去产能”到“去产业”，坚决不要黑色GDP，坚定不移走“绿水青山就是金山银山”之路。绿水青山成了富阳老百姓的“幸福不动产”，富阳也捧回了“国家生态文明建设示范区”的荣誉称号。

从1994年富阳撤县设市，再到2014年富阳撤市设区。富阳，不仅仅是名称上的改变，更是在思想上完成了两次天翻地覆的飞跃。

如今的富阳，可以用24个字来形容。那就是一江带城、南北呼应，山水相依、产城融合，现代气派、田园风光。

富阳变得越来越通畅。2019年，杭黄高铁建成通车；2020年，杭州地铁6号线开通运营，杭州绕城西复线全线贯通；2021年，

---

① 何玲玲、王俊禄：《打造现代版富春山居图》，《瞭望》2021年第51期。

彩虹快速路、春永快速路顺利通车。外联内畅的立体式交通网络正在加速完善，城市框架迅速打开，21 分钟到杭州、5 个小时抵北京，富阳一步通达全国。

富阳变得越来越现代。以“富春江”为碧玉带、以地铁为“黄金轴”，全力构建城市“十字金轴”。秦望城市眼、杭黄未来城、富春城市芯等等，让市民在家门口就可以享受都市品质生活。

富阳变得越来越精致。“百里富春山居图”“五十里春江花月夜”，在富阳，学有优教、病有良医，幼有普育、老有颐养，众扶相帮、邻里守望。简单地讲，那就是生活富裕，生命阳光。

富阳的田园也变得越来越有诗意。这些年来，富阳坚持美丽城乡、美丽经济、美丽人文“三美”联动，大力开展田相、路相、村相、林相、湖相等“十相联治”，通过设计改变乡村，打造了一大批“味道山乡”。这里有最美回迁房的东梓关，有普利兹克奖得主王澍老师设计的文村，这里还有龙鳞坝、黑山顶、小叠空等一批网红打卡地。

寄情于山水，蕴藏于历史，繁衍于乡俗，生发于文明。

在山水文化中崛起的富阳，正一步一步向世人展现着它丰富的可无穷尽解读的文化底蕴，在世代更迭里愈显浓厚，愈发迷人。